ACCOUNTING TO RETURN
TO THE BEGINNING
Reducing Economic Disparities

経済的格差の
是正に向けて

原点回帰の会計学

渡邉　泉 著
Watanabe Izumi

同文舘出版

原点回帰の会計学 ● 目次

序 章

経済的格差の拡大と会計の関わり

第 1 章

金融資本主義の台頭と会計学の変容

2 | 取得原価主義会計から公正価値会計へ…………………………32

3 | 信頼性と忠実な表現，そして受託責任…………………………40

第 2 章

ポスト金融資本主義の会計学

1 | 信頼性から忠実な表現…………………………………………52

第 3 章

会計学に課せられた役割

第 4 章

行き過ぎた投機熱と信頼性の回復

第 5 章

歴史研究の意義と役割

1 フーコーが会計史研究に与えた影響 ･･････････････････････････ 142

2 会計と簿記，会計学の相異 ･････････････････････････････････ 149

3 産業構造の転換による会計学の変容と金融資本主義の台頭 ･･･ 152

終 章

原点に立ち返る会計

1 会計学の責務と役割 ･･･ 160

略語一覧表

略語	英語	日本語
AAA	American Accounting Association	アメリカ会計学会
AAPA	American Association of Public Accountants	アメリカ公会計士協会
ACCA	Chartered Certified Accountant	勅許公認会計士協会（イギリス）
AICPA	American Institute of Certified Public Accountants	アメリカ公認会計士協会
APB	Accounting Principles Board	会計原則審議会（アメリカ）
ASB	Accounting Standards Board	会計基準審議会（イギリス）
ASBJ	Accounting Standards Board of Japan	企業会計基準委員会（日本）
CIMA	Chartered Institute of Management	勅許管理会計士協会（イギリス）
CIPFA	Chartered Institute of Public Finance and Accountancy	勅許公認金融会計士協会（イギリス）
EU	European Union	欧州連合
FASB	Financial Accounting Standards Board	財務会計基準審議会（アメリカ）
GAAP	Generally Accepted Accounting Principles	一般に公正妥当と認められた会計原則
IA	Institute of Accounts	アメリカ会計協会
IAS	International Accounting Standards	国際会計基準
IASB	International Accounting Standards Board	国際会計基準審議会
IASC	International Accounting Standards Committee	国際会計基準委員会
ICAEW	Institute of Chartered Accountants in England and Wales	イングランド・アンド・ウェールズ勅許会計士協会（イギリス）
ICAS	Institute of Chartered Accountants of Scotland	スコットランド勅許会計士協会（イギリス）
IFRS	International Financial Reporting Standards	国際財務報告基準
JMIS	Japan's Modified International Standards	修正国際会計基準（日本）
LAA	London Association of Accountants	ロンドン会計士協会
LSE	London School of Economics and Political Science	ロンドン・スクール・オブ・エコノミクス・アンド・ポリティカル・サイエンス
OCI	Other Comprehensive Income	その他の包括利益
OECD	Organisation for Economic Co-operation and Development	経済開発協力機構
ROE	Return on Equity	自己資本利益率
SEC	Securities and Exchange Commission	証券取引委員会（アメリカ）
SFAC	Statement of Financial Accounting Concepts	財務会計概念書（アメリカ）
SFAS	Statement of Financial Accounting Standards	財務会計（アメリカ）
USGAAP	US Generally Accepted Accounting Practice	アメリカ会計基準.一般に認められた会計実務

原点回帰の会計学

―経済的格差の是正に向けて―

序章

経済的格差の拡大と
会計の関わり

■ 新型コロナウイルスの影響

2020年の旧正月が始まった頃，新型コロナウイルスの感染が突然に報道された。このウイルスは，瞬く間に世界中に広がっていく。拡散に伴い多くの人の命を奪い，すべての人を不安と恐怖と錯乱に陥れた。新型コロナの襲来は，われわれ人類に多くの問題を投げかけた。封じ込める最良の方策がロックダウン，都市封鎖だという。それでは，経済が死んでしまう。人命と経済を天秤にかけ，選択を迫った。どちらをとるのか。そんな選択などできるはずもない。今さらながら，人の世は，経済活動によって成り立っていることを思い知らされる。この経済活動を実質的な側面から支えてきたのが会計学である。しかし，ただいえることは，人があっての経済であり，経済あっての人ではないということである。国民の命と引き換えに経済活動を優先することなどできない相談である。

新型コロナの迫りくる恐怖と人の世を支えてきた経済活動の両立をどのようにして成立させるか。果たしてそれは，可能なのか。

新型コロナを根絶する特効薬は，人と人との交わりを断つことだという。しかし，人は，一人では生きていけない。交わりを断つというのは，人をやめることを意味する。交わりがなければ，社会は成り立たず，経済も成り立たない。では，どうするのか。仕方のないことだが，しばらくの間は，すべてに優先して外出を控えることだという。それも上からの強制ではなく，個人個人の自覚のもとで実践する。それが民主主義である。一人一人が力をつけ，決して国家に盲従すべきものではない。大切なのは，どのような状況下でも，各個人が的確な判断力をもって自らを自制できる力を持つことである。

人類は，過去にペストやスペイン風邪といった多くの人命を奪った感染症を乗り越えてきた。難しい局面であるが，新型コロナへの対処法もきっと歴史が教えてくれるであろう。

■ウィズコロナ時代の新たな経済レジーム

　この感染症の恐ろしさは，症状が急速に悪化し，命まで奪ってしまうところにある。とりわけ，持病のある人や高齢者が死に至る確率は，健常者や若者と比較して，かなり高い数値が報告されている。ペストやスペイン風邪といった過去に全世界を襲ったウイルスも，途方もない数の死者を発出させている。生態系の頂点に立って好き勝手に自然を破壊してきた人間へのしっぺ返しかも知れない。

　感染症は，年齢や性別，貧富や社会的地位に関係なく襲ってくる。しかし，結果的には，子どもや老人や障害者あるいは貧困に喘ぐ社会的弱者に対してより多くの負担と被害をもたらすことになる。病院のない地域の人，経済的余裕のない人，そうした人も含め，すべての人が最良の治療が受けられることを願わずにはいられない。1日も早いワクチンと治療薬の開発が待たれる。それと同時に，人間の生き方そのものに対する考え方の転換も必要になってくる。新型コロナによって，様々な既存の業種，とりわけ中小零細企業は，立ち直れないほどのダメージを受けた。どのようにしてポストコロナあるいはウィズコロナの経済システムを再構築していくのか，早急に問われる問題である。

　利益追求のために，多くの二酸化炭素を排出し，有害なプラスチックごみを海洋に放棄し，自然環境の破壊のみならず社会をも壊してきた人間の経済活動のあり方とそれを支えてきた産業資本主義や金融資本主義，さらにはそれらを実質的な側面から支えてきた現代会計学のあり方を見つめ直すときがきているものと思われる。とりわけ近年，毎年のように襲ってくる想像を絶する豪雨による水害や土砂崩れによる甚大な被害も，ROE（自己資本利益率）にこだわり，如何に利益を拡大させるかという株主の方ばかりを向いて経営してきた金融資本主義，あるいは株主資本主義と呼ばれる経済構造の矛盾というかもろさが露呈してきたからではなかろうか。恐らく，この度の新型コロナによって，世界の経済は，大きく変わっていく

ものと思われる。ポスト金融資本主義に向けた新たな経済レジームの確立とそれを支える会計学の新たな制度，基準，あるいは概念フレームワークの早急な設定が急がれる。本書は，歴史の教えに従って，現代会計学のあり方を問い直し，新しい経済体制に対応する新たな会計思考の立案に向けた一つの提案を提供するものである。

■ 歴史が教える会計の役割

　人は皆，何らかの方法で経済活動に関わって生きている。生きていくために，様々な物資を生産し，販売し，それを消費する。経済とは，こうした財の生産や消費，あるいはサービスの提供などによって富を創造し，その分配に伴う一連の行為の過程を指している。この経済活動の生産部門の中枢を担っているのが企業である。企業は，商品を製造し，販売し，サービスを提供することによって利益を獲得し，それを給料や法人税などといった形で社会に還元していく。ここに，われわれが生活していく上で，経済活動における成果の分配や税の大切さがある。

　このように，経済とは，人が生きていく上で欠かすことのできない活動である。そのため，経済の語源は，経世済民，「国を治め，民を救う」にあるといわれている。この経世済民を具体的な計算構造の側面から支えているのが会計学であり複式簿記なのである。すなわち，企業の経済活動，なかでも商品の生産や販売，あるいはサービスの提供に伴って生じる財の増減過程を理論的に捉えているのが会計学であり，その具体的な損益計算構造を支えている技法が複式簿記なのである。

　著名なドイツの経済学者ヴェルナー・ゾンバルト（1863-1941）は，「複式簿記以前に資本の概念はなかったし，存在もしなかった[1]」と述べている。この資本の循環過程を明らかにするのが経済学であり，その具体的な資本

1　Sombart［1919］S.120. 高寺［1982］29頁。

の増減計算，すなわち損益計算を担っているのが会計学であり，損益計算を支えているのが複式簿記なのである。また，アメリカの経済学者レイモンド・J・チェンバースも，「経済問題があるところには，どこでも会計問題がある[2]」と述べ，経済学と会計学が切っても切れない関係にあることを指摘している。

　経済学と会計学の相違は，国といった全体資本を対象にするか企業といった個別資本を対象にするかの違いであって，研究の志向するところは同質である。そのため，もし世の中の経済が変な方向に進み始めたときには，会計が羅針盤となって元の正常な道に戻す役割を果たすことが求められる。経済のナビゲーター，これが会計の役割である。この会計学の損益計算構造を支える複式簿記を誕生させた原点が信頼性である。ある特定の株主に有用な情報を提供するのではなく，企業を取り巻くすべての利害関係者や社会から信頼される情報を提供するのが会計の役割である。

■ 会計学が敬遠される理由

　昨今の経済理論を支配している市場原理主義にもとづく新自由主義的な考え方を主張したのは，アメリカの経済学者ミルトン・フリードマン（1912-2006）である。彼の主張するマネタリズムは，富の偏在や差別や経済的格差を生み出し，様々な形で地域や国家や民族間の紛争を引き起こしている。もし，こうした不条理な状況を是認する経済理論に会計学が巻き込まれているのであれば，経済学の原点である経世済民を具体的に支えなければならない会計学は，こうした現状に明確に「ノー」を突きつけ，今日の会計思考を支配している意思決定有用性アプローチに代わる本来あるべき新たな代替アプローチ構築への提案をなすことが望まれる。これが社会科学の研究や実務に携わる者の責務である。

---

2 Chambers [1960] p.39. 高寺 [1982] 50頁。

拡大していく矛盾を乗り越えていくためには，今まさに，会計学の出番なのである。現状の経済的格差を助長させる矛盾やそれを支えている制度や基準あるいは法律に対して，それらを改善するための新しいシステムを構築していくという明確なメッセージを会計学が発信していく必要がある。そのためには何よりもまず，現状をしっかりと把握し，理解することが肝要である。ところがこの会計の現状把握の不十分さが最も大きな障壁になっている。企業に就職し，少しでも経済活動に関わってきた人であれば，誰しも簿記や会計の大切さや必要性を十分に理解しているはずである。

　しかし，会計学は，ややもすると，そこで使われる用語の難しさや計算の複雑さのために，ついつい敬遠されがちであった。加えて，日常生活ではあまり馴染みのない横文字やカタカナが至るところに登場してくる。とりわけ昨今は，グローバル化の影響で，国際会計基準（IAS）としての国際財務報告基準（IFRS）やアメリカの財務会計基準審議会（FASB）が作成する財務会計基準書（SFAS）や財務会計概念書（SFAC）などとの調整が本格化し，国内の会計基準だけを見ておればよいという時代ではなくなってきた。そのため，当然のようにカタカナやアルファベットの略字が氾濫してくる。加えて一番厄介なのは，会計の損益計算構造を支えている複式簿記である。そこにおける仕訳という作業は，特殊な会計語を用いて行われる。この会計語の理解には，日本語を母国語にする日本人にとっては英語や中国語やアラビア語の理解と同様極めて難解であり，多くの時間と忍耐が要求される。その結果，辛抱できずに途中で放り出してしまう。

　もうふた昔も前のことになるが，1998年の『稲盛和夫の実学―経営と会計』（日本経済新聞社）が上梓されると，これまでの会計アレルギーが一変することになる。氏が声高に主張した「会計がわからんで経営ができるか」の一文が一世を風靡し，瞬く間に会計ブームに火がつく。それまでは書店の奥まった片隅にひっそりと並べられていた会計の専門書が，誇らしげに顔をもたげて入口近くの棚に平積みされたのである。どことなく気恥ずかしさも同居させながら。

　しかし，そんなブームも長くは続かず，気がつけばいつの間にか終わりを告げ，その難解さ故に，またぞろ敬遠される羽目になってしまった。もとの木阿弥である。なぜなら，そこで提唱されたのは，所詮は，如何にして利益を獲得するかという提案に過ぎず，会計学が抱える根本問題にまで切り込むことがなかったのもその一つの原因かも知れない。

■金融資本主義に加担する現行会計制度

　こうした要因が重なり，簿記や会計学は，自ずと敬遠されがちになった。いわば，会計学の理解にとっての複合汚染である。簿記会計の必要性は誰もが認めるところであるが，その難解さ故に，簿記や会計に関わる本は，再び書棚の奥深く静かに眠らざるを得なくなってしまった。

　もちろん，この悲劇には，会計ならびに複式簿記の持つ計算の複雑さやそこで用いる用語や具体的な仕訳の難しさも大きな原因になっていることに違いはない。しかし，敬遠されるのは，ただそれだけの理由ではないように思われる。私は，それに加えて，敬遠のより重要な要因が見落とされているように思えてならない。それは，簿記や会計学を勉強する意義や役割の基本的な説明が欠けていることである。

　街の書店の書棚に並んだ多くの本は，どうして儲けるか，どうすれば利益を極大化できるか，そういった会計手法の解説が中心で，肝心かなめのその結果が及ぼす社会的・道義的な影響や会計学を学ぶ意義についての言及がほとんど見られないのが実情である。これが簿記会計に興味を抱かせない大きな理由ではなかろうか。

　もちろん，資本主義社会では，収益性の追求は，基本原理である。利益の追求そのものに問題提起をしているのではない。重要なのは，追求する利益の質と何よりもその分配のあり方である。巨額の資本提供者のみが巨額の成果を独占し，利益が局所に集まる。富の偏在によって経済的格差が生じ，その結果貧困や差別あるいは犯罪や紛争が生じる。われわれが最も

注意していなければならないのは，マックス・ヴェーバー（1864-1920）の思考した本来の資本主義の精神が置き去りにされてしまうことである。

　ハウツーものの経営書で説かれる経営や会計のあり方は，単なる利益極大化志向に過ぎない。ヴェーバーの説く資本主義の精神は，どこで歯車を狂わせてしまったのであろうか。付加価値を増大させること自体に問題があるのではない。問題は，獲得した付加価値の質とその分配にある。近年，大企業の内部留保の多さにも焦点が当たり始めている。この付加価値の多くが出資者や経営者に分配され，また内部留保として必要以上に社内に積み立てられる。労働に見合う適正な報酬が従業員に分配されないのであれば，早急に是正されなければならない。

　しかし，新型コロナの影響で，長期間の休業や生産ラインの停止によって企業が被る経済的ダメージには計り知れないものがある。しかし，この内部留保のお蔭でなんとか凌げている企業もあるのかも知れない。内部留保を一概に否定できない側面である。すべての事象には，常に光と影が伴うということであろうか。内部留保の適正な額がいくらであるかを決めるのは，厄介な課題である。それとは別に，法人税や所得税の適正な税率のあり方等についてもあわせて検討されなければならない。こうした分野で役割を果たすのが会計学である。

■ 経済的格差を引き起こした要因

　今日，経済的な格差が拡大し，富める者はますます富み，貧しき者はますます貧しくなる状況が生み出されてきた。また多くの人を死に追いやり，恐怖と不安に陥れた新型コロナの影響は，社会的・経済的弱者に対してより過酷に降りかかってくる。その結果，貧困，差別や偏見によって，混乱や犯罪あるいは地域や国・民族間の対立と紛争が横行することになる。この貧富の差の拡大に最も影響を及ぼしているのが新自由主義思想による金融資本主義，あるいは株主資本主義，市場原理主義と呼ばれる経済体制で

ある。そして，その経済的基盤を支えているのが現代会計学上の国際的な
会計基準であり公正価値会計なのである。

　詳しくは第1章で述べるが，フランスの経済学者トマ・ピケティ（1971-）は，
すでに数年も前から，その著『21世紀の資本』において，「もしも，ここ
数十年米国で見られた労働所得の集中の強化が続くと，2030年には最下層
50パーセントは，トップ10パーセントへの報酬総額の半分しか稼げなくな
る[3]」という。利子や配当，あるいはキャピタル・ゲイン（株式や債券の売
却益）といった資本所得を含めると，この格差はさらに大きくなる。同書
の2010年から2011年の実証分析によると，アメリカではトップ10％の富裕
層がすべての富の72％を有し，最下層の50％は，わずか全体の2％しか所
有していないことになるといわれる。

　こうした富の偏在から生じる経済的格差は，先に述べたような社会的な
矛盾を世界中にまき散らしている。経世済民を旨とする経済学の根本を支
えている会計学が，こうした経済的格差を助長する制度や基準を設定し，
社会的矛盾を拡大させる役割を担っているとすれば，会計に携わる者は，
この点をしっかりと自覚しなければならない。会計学がごく一部の投機家
の利益にのみ与し，結果的に富の偏在による政情不安をもたらし，多くの
人を不幸に陥れる一因を作り出しているのだとすれば，当然のことながら
会計学の責務が問われることになる。

　粉飾といった会計不正が明るみに出るたびに，経営者の会計倫理や企業
自体のコーポレート・ガバナンス（企業統治）の問題が問われてくる。し
かし，こうした不正に関わった人たちは皆いわば確信犯で，総じて不正な
行為をしている罪悪感というか後ろめたさは，十分に自覚している。しか
し，こうした粉飾は別にしても，もし利益の偏在化といった社会的な矛盾
を生み出す制度や基準が法律によって擁護されているなら，話は別である。
経済的格差を助長する行為が不正な行為であるという一切の自覚のない経

　3　ピケティ著，山形他訳［2014］265頁。

営者たちは，むしろ法律に擁護された正当な経済行為を行っているという免罪符を得て，経済的格差をますます拡大させていくことになる。法律という国家の最高権力に守られた不条理な行為，これこそが最大の問題なのである。

▉ 本書の目的

こうした不条理に経済行為の根幹を支えてきた会計学が少しでも巻き込まれているとすれば，その責任は，重大である。経済学の語源といわれる「経世済民」を経済的な側面から具体的に支えてきた会計学は，この矛盾をわずかでも少なくする新しいシステム作りに向け，新たな制度や基準を提案していくことが喫緊の課題である。今こそ，会計学の出番なのである。終章で述べるところであるが，最大の課題は，現代会計の基本理念である意思決定有用性アプローチと獲得した成果の分配を定める会計基準，会社法や税法といった法律のあり方にある。それに代わる新しい代替アプローチの提示や新たな法整備が不可欠になる。

会計学は，19世紀のイギリスで誕生するが，その母国語である英語では，アカウンティング（accounting）と呼ばれている。アカウント（account）というのは，英和辞典を引くと「説明する」とか「報告する」という意味である。そのため，会計の役割は，情報提供機能にあるといわれている[4]。では，誰に提供するのか。資本を提供してくれる人，具体的には主に株主を念頭に置いている。どのような情報を提供するのかといえば，投資にとって有用な財務情報だという。

しかし，有用な財務情報は，個々の株主によって異なるため，一つの情報ですべての株主を満足させることなどできるはずがない。極論すれば，株主の数だけの情報が必要になる。そんなことは，不可能である。現実に

---

4 渡邉［2014］183-186頁。

10

は，株主総会で報告される決算書類は，1種類の貸借対照表，損益計算書とキャッシュ・フロー計算書等に過ぎない。それでは，ある人にとっては有用かも知れないが，ある人には役に立たない情報になるかも知れない。株主間で相矛盾する情報になる。何が原因なのか。答えは明白である。会計の役割を有用な情報提供としたところにある。この矛盾を解消させるには，会計の役割を特定の株主にとって有用な情報を提供することではなく，すべての株主から信頼される情報を提供することに切り替える必要がある。これが本書で提案する意思決定有用性アプローチに代わる代替アプローチである開示情報信頼性アプローチである。誕生以来800年もの長きにわたり，企業の損益計算システムを支え続けてきた会計誕生の原点でもある信頼性に立ち返ることである。

　歴史は，まさに現代社会の審判であり，現代に生きるわれわれに今この瞬間に進もうとしている方向の是非を示してくれる道標である。これが歴史の真の役割である。さて，本書がその果たす導火線になれるであろうか。これこそ，本書の存在意義が問われるところである。多くの読者の判断を待たなければならない。

■ 歴史が教えてくれるところ

　著名なイギリスの歴史家エドワード・H・カー（1892-1982）は，1961年にケンブリッジ大学で行った講演「歴史とは何か」において，次のように語っている。「歴史とは歴史家と事実との間の相互作用の不断の過程であり，現在と過去との間の尽きることを知らぬ対話なのであります[5]」。このあまりにも有名な「歴史は現代との対話である」というフレーズは，歴史研究が単なる過ぎ去った過去の研究ではなく，現在との対話を通して現在に生かしていく研究であることをわれわれに教えてくれる一文である。予測や

5　カー著，清水訳［1962］40頁。

推論とは異なる，歴然たる事実として確かめられた過去の事象に対峙することの大切さを教えてくれる。

　今現在を生きているわれわれは，過去に生じた歴史的事実を単に過去の出来事として捉えるのではなく現在に取り入れていく。ここにこそ歴史を研究する真の意義が存在する。われわれがあたりまえと受け止めている現在の事象に，過去に生じた歴然たる事実というフィルターを通して，改めて問い直す機会を与えてくれるのが歴史なのである。ただ注意しなければならないのは，フリードリヒ・W・ニーチェ（1844-1900）の実証主義者に対する次の言葉，「事実なるものこそ存在しないのであり，存在するのは解釈だけなのだ[6]」を，第4章で述べるフーコーの指摘とともに，絶えず心に留めておくことである。

　こうした哲人たちの言葉に心を止めながらも，新たな地平に一歩を踏み出すときに忘れてはならないのは，単に変革することではなく，歴史に立ち返り，それぞれが持つ本来の役割が何であったかについて，しっかりとした対話から始めることである。行き過ぎた金融資本主義，ある意味では賭け事にも似たカジノ的経済レジームが貧困や格差あるいは分断や紛争といった様々な矛盾を生み出している。これを解決するには，利害が対立する相互からの問題提起が重要になる。また，昨今いわれる「OKブーマー」だけでも何も生まれてこない。座標を異にした新たな対立と分断が深まるばかりである。互いの対話と協調によって，今一度原点を見つめ直し，歴史に立ち返って進むべき道標を示していくことが科学の役割である。現代会計学の理論的バックボーンを構成している意思決定有用性アプローチに対して，開示情報信頼性アプローチを提唱するのが本書である（188頁・図表2を参照）。いわば本書は，新たな地平を求めた模索であり，現代会計学への批判であり，私の反会計学としての意思と表象である。

　当初の構想段階では，今日の金融資本主義の矛盾を指摘し，民主主義社

　6　ニーチェ著，三島訳［1984］397頁。

会における経済の本来のあるべき姿を問いかけ，そこに引き戻す会計学の役割を提唱して，書き進めるつもりであった。しかし，今般，突然に発出した新型コロナがわれわれの経済や生活に計り知れないダメージを与えることになった。その影響は，単に金融不況に留まらず，消費不況にまでも深く食い込み，われわれの生活それ自体をのっぴきならないものにしてしまった。

　しかも，このコロナ不況は，これまで言われてきた高齢化に伴う消費の落ち込みに留まらず，若年層も巻き込んだ全世代にまで及ぶ消費活動そのものに決定的なダメージを与えることになった。リーマンショックを超える極めて深刻な状況を生み出している。新型コロナによって，経済活動自体に質的な転換が生じてしまったのである。こうした状況下では，会計学が対応できることにも自ずと限界がある。経済学を始めとする隣接科学と手を携えて，可能な限りの新たな対応策を提示すると同時に，1日も早いワクチンや治療薬の開発を待たなければならない。

　本書を通して，歴史の深淵に足を踏み入れ，現代会計が進もうとしている方向の行く末の是非を読者とともに考えていくのが本書の目的である。あまりにも大きなテーマなので，どこまで本質に切り込むことができたのか，はなはだ心もとない限りであるが，最後まで読んでもらえることを願って，筆を進めることにする。

第 **1** 章

金融資本主義の台頭と
会計学の変容

1

新自由主義の台頭と金融資本主義

■ 産業資本主義から金融資本主義へ

　事実にもとづく損益計算を大切にしてきた複式簿記は，行き過ぎた投機熱による予測計算の混入によって，誕生以来800年に及ぶ信頼性を今まさに失わんとしている。1979年代以降に金融の自由化に始まるいわゆる金融資本主義と呼ばれる経済体制のもとで，会計学は大きく変容し，守り続けてきた信頼性を失う危機に直面している。むしろ，会計学自体が崩壊そのものに直面しているといっても過言ではない。そのため，本章と第2章で，会計がどのように変容し，その過程で増幅させてきた矛盾を克服するために，ポスト金融資本主義，すなわち21世紀型の資本主義ないしは市民主義のもとで会計が如何にあるべきか，如何なる役割を果たすべきかについて模索していくことにする。

　18世紀後半に産業革命を迎えたイギリスは，これまでの商業資本中心の経済構造から産業資本中心の社会へとその産業構造を大きく変容させていく。石炭というエネルギーに支えられた鉄道や製鉄それに製綿といった巨大な企業が次々に設立され，巨大企業によって構成された産業資本中心の資本主義は，三角貿易と植民地政策による地域の価格差を利用してますます肥大化し，イギリスを「太陽の沈まない国」へと押し上げていく。

　新大陸アメリカに進出したイギリスは，フランスとの七年戦争（1754-1756）に勝利し，北アメリカ支配の実権をほぼ手中に収める。しかし，七年戦争で費やした戦費は多額に上り，如何にしてこの費用を穴埋めするかが喫緊の課題であった。その解決策が，印紙条例（1765）や茶条例（1773）であった。とりわけ，税収入を確実にするため，茶の密輸を厳しく取り締まり，イギリス本国からの輸入茶に高い関税を課した。高税に苦しめられ

たアメリカの人たち
は，1773年，イギリス
東インド会社の茶の独
占販売権に反対して，
ボストン湾に停泊して
いた船を襲撃し，「ボ
ストン湾をティー・ポ
ットに」と叫びなが
ら，すべての茶箱を海
に投げ捨てた。ボスト

三角貿易で用いられたリバプールの港

ン茶会事件である。これが口火になり，アメリカ独立戦争（1775-1783）へ
と突入していく[1]。こうして念願の独立を果たしたアメリカは，徐々に力を
蓄え，南北戦争（1861-1865）を克服し，19世紀末から20世紀にかけてイギ
リスに代わり世界の覇権を次第に掌握していく。新興国家アメリカの登場
である。

■ 管理会計の登場と財務会計への予測の混入

　18世紀末のイギリスでは，わが国でもティー・カップでよく知られてい
るウェッジウッドがすでに間接費の製造原価への配布など近代的な手法で
原価計算を行っていたが，19世紀を迎えると，チャールトン・ミルズ綿工
業では工程別の実際原価計算が行われており，1920年代にはリバプール・
マンチェスター鉄道会社ですでに見積原価計算が行われていた[2]。

　独立当初のアメリカは，こうしたイギリスの原価計算制度を受け継ぎ，
鉄道や自動車製造業において厳密な原価計算が導入される。当初は，実際

1　長島［1987］104-105頁。

2　中村編著［1978］第2章，第3章，第4章を参照。

原価計算を中心に厳密な製品の製造原価の計算を行っていたが，1880年から1900年頃にかけては，イギリス式の実際原価計算を中心にした手法からアメリカ型の原価計算の特徴である標準原価計算や予算統制を基軸にする管理会計的な方式が胚出されていく。例えば，ルーイビル＆ナッシュビル鉄道会社の年次決算では，利益計画のために輸送原価を固定費と変動費に分ける方法がなされていたという[3]。さらに20世紀に入ると，標準原価計算や直接原価計算が導入され，フレデリック・テーラー（1856-1915）によって科学的管理法が発案され，やがてイギリスで発芽した管理会計がアメリカで熟成されていくことになる[4]。

このように，当初は，財務会計における厳密な企業の損益計算のために原価計算を発案するが，この原価計算が単純な実際原価の計算から標準原価や直接原価といった将来の予測計算を取り込んだ独自の進化を遂げ，やがて管理会計へと発展していくことになる。そこでは，将来予測を含んだこれまでの事実にもとづく財務会計とは異なった展開を見せてくる。伝統的な過去会計に将来の展望をどのように描くかという経営的な要素が導入されてくる。外部報告会計としての財務会計に内部報告会計としての管理会計的要素が導入され，将来を見据えた意思決定に有用な情報が財務会計にも要求されてくる。意思決定に有用な情報は，過去情報よりも未来情報であるため，必然的に財務会計に将来の予測計算や期待計算が導入されることになる。

こうした未来会計としての管理会計的思考が過去会計としての財務会計にも取り入れられ，将来キャッシュ・フローを軸に据えた測定基準，すなわち公正価値による損益計算がIASやUSGAAPの中心に位置づけられることになる。当期純利益計算から包括利益計算への移行である。

---

3 中村編著［1978］第6章を参照。

4 岡本［1969］14-17頁。

■ 事実計算重視の財務会計の崩壊

標準原価計算や直接原価計算に端を発した財務会計の管理会計化傾向は，漸次，株式市場を中心にした金融資本に軸足を置く産業構造への転換に伴い，会計学の本質にも質的な転換を余儀なくさせてくる。こうした傾向は，先に述べた財務会計への管理会計的思考の混入と相まって，伝統的な取得原価にもとづく厳密な実現損益計算としての財務会計を急速に金融資本家にとって有用な公正価値にもとづく企業価値計算へと転換させ，財務会計における予測計算の基盤が徐々に形成されていく。会計学が信頼を勝ち取った根源である事実計算が今まさに崩壊の危機に直面しているのである。なぜなら，投機家の関心は，1年間で獲得した実現利益よりもこれからいくらの利益を獲得できるかという期待利益，当期純利益よりも将来キャッシュ・フローで測定される包括利益にあるからである。今日の企業の実質的な価値を増大させる主要な要因は，過去の実現利益よりも企業が有するブランド力，すなわち暖簾価値にある。

こうした状況を考えると，会計学の役割を実際の実現利益計算から予想の包括利益計算に転換させていったそもそもの出発点は，20世紀初頭のアメリカに登場する内部報告会計としての管理会計に求めることができるのかも知れない。

19世紀末から20世紀にかけて，投資意思決定に有用な情報の作成や経営計画の樹立，とりわけ予算統制や予算管理を中心に新たに未来会計としての管理会計が，その萌芽的な思考をイギリスで熟成させながらアメリカで大きく開花していくことになる。過去会計としての財務会計に未来会計としての管理会計が導入されていく。いわば，事実計算を重視してきた会計学の領域に予測計算あるいは期待計算に力点を置く経営的な思考が導入されてきたのである。

複雑化していく経済情勢のもとでは，将来の動向を予測する情報提供への期待は，ますます肥大化してくる。20世紀末から21世紀を迎えると，こ

れまでの過去会計である財務会計の領域に将来キャッシュ・フローという予測計算が組み込まれた経営管理的な思考が広く容認されてくる。いわば内部報告のための予測や期待の数値が外部報告のための世界に持ち込まれ，単なる私的な領域での期待値が公的な世界に置き換えられていくことになるのである。いつの間にか，予測による期待利益がまるで現実の実現利益であるかのような錯覚を生み出してくる。まさしく，公私混同であり，財務会計の管理会計化，あるいは会計の経営化ともいえる現象を引き起こし，現実の計算と期待の計算の混同が引き起こされてくる[5]。事実計算によって信頼を勝ち取ってきた会計に予測にもとづく未来計算・期待計算が持ち込まれてくるのである。その結果，信頼性の確保によって成立し，その後800年もの長きにわたり企業人の間で広く用いられてきた簿記会計がここに至って大きな曲がり角に直面している。まさしく会計を会計として成立させた信頼性の消滅の危機である。

■ 損益計算における実現の重要性

　今日の持ち合い株方式が解消に向かい，意思決定有用性アプローチが支配的になってきた状況下では，情報の提供は，大多数を占める一般の株主ではなく，ごく少数ではあるが大資本を有する大株主に向けて発信される。彼らの求める情報は，過去の市場価値による取得原価にもとづいて算定された当期純利益ではなく，公正価値すなわち将来のキャッシュ・フローにもとづいて計算される予測値を含んだ包括利益である。投資意思決定にとっては，これまでの伝統的な取得原価にもとづく過去・現在価値情報では役に立たず，各資産が潜在的に有する未来価値情報，すなわち公正価値で評価する情報が有用になってくる。こうした状況は，1970年代末のアメリカで始まる金融自由化の流れに呼応して，1980年代半ば以降には経済開発

5　松本［2008］57頁。

協力機構（OECD）諸国にも広がっていく。

　1990年代にはその具体的な成果がもたらされ，銀行，証券会社，保険会社といった金融業に対する様々な規制が緩和され，金融派生商品といった新たな商品が独自の判断で自由に開発・販売できるようになる。とりわけ1996年のいわゆる金融ビッグバン以降は，金融の自由化に拍車がかかり，個別企業における企業戦略の転換を余儀なくさせていく。1990年代前期から2000年代初期にかけてのインターネット・バブル（ドットコム・バブル）の崩壊とそれに引き続く経済回復過程において，その回復は，頂点に達したといわれている。それに伴い，これまでのケインズ的な規制による経済政策は根底から見直され，フリードマンに代表される市場原理主義へとパラダイム転換がなされていく。

　先物取引やオプション取引，あるいはスワップ取引といったデリバティブといわれる新しい金融派生商品の登場によって，予測計算が財務会計の分野にも導入されてくる。市場がより効率的に作用し，絶えず適正な価格を形成するという幻想のもとで，新しいファイナンス理論が構築される。こうした仮説に仮説を上塗りした予測と期待にもとづく未来計算が財務会計に導入されることによって，これまで会計学がとってきた測定基準に劇的な転換がもたらされることになる。従来の取得原価（実質的には取得原価と市場価値の混合測定）による測定基準ではこうした要求に対応しきれず，必然的に未来価値（来価），すなわち将来キャッシュ・フローの割引計算を含む公正価値に依拠することになる。この公正価値評価を支えているのは，「利用可能なあらゆる情報が市場価格に織り込まれている」とする効率的市場仮説が前提になっている[6]。しかし，このような仮説が現実に成り立つのであろうか。はなはだ疑問である。なぜなら，市場は，必ずしも完璧に機能しているわけではないからである。

6　ボワイエ著，山田他訳［2011］22頁。

■ 市場はいつも完全とは限らない

　会計は，経済事象を識別（認識）し，測定し，伝達するプロセスである。なかでも，伝達，すなわち情報提供機能が会計の中心的な役割である。この伝達する中身の中心は，利益情報である。しかし，利益も測定する物差しの相異によって金額が異なってくる。会計の損益計算構造を支えてきた複式簿記は，この利益の測定手段として取得原価を採用してきた。取得原価とは，取引が成立した時の市場における交換価値である。端的にいえば，取引時点の市場価格である。売った側は売却時価であり，買った側は調達時価（再調達原価）である。しかし，今日の測定は，実際に取引が実現した時点での評価額とは限らない。単に，決算時点で保有しているだけの売買目的の有価証券も市場価格で評価する。実際には，まだ取引が実現していない資産を売却時価とか再調達原価というわけにはいかない。そのため，売却時価の代わりに出口価格，再調達原価の代わりに入口価格といった呼び方をしている。

　会計の計算構造を支える複式簿記は，資産の測定基準を取得原価，すなわち取引時点の市場価格に置いてきた。とはいえ，この市場価格がいつも適正な価格を表しているわけではない。この市場の不完全性は，すでに1980年代半ばに当時LSEの教授であったマイケル・ブロミッチやわが国でも高寺貞男によって警鐘が打ち鳴らされてきた[7]。

　しかしながら，たとえ市場が不完全であったとしても，現実にその時点の市場価格で取引が実現しているのであれば，その取引時価は，売り手と買い手の双方が納得し，実際に証憑等で検証可能であるため，正当な取引価格として認証することができる。しかし，単に保有しているだけの資産をその時点の市場価格で評価することは，市場が不完全であるか否か以前の問題として，価格は絶えず変動するため，市場価格による評価に客観性

---

7 Bromwich［1985］p.57. 高寺［2008］236-237頁。

を求めることができない。いわんやわれわれは，市場のない商品を将来キャッシュ・フローの割引現在価値（使用価値）として評価する公正価値に会計学の正規の測定基準としての評価を与えるわけにはいかないのである。

LSE…会計金融学部の入口（ロンドン）

なぜなら，会計学の損益計算構造を支える複式簿記は，事実にもとづく信頼性を第一として生成したからである。

　現行の会計制度では，売買目的の有価証券や持ち合い株などのその他有価証券は，時価で評価されるが，本来，取得原価評価に戻すべきであろう。保有株数を脚注等で表示すれば，いつでも知りたいときに，株価総額を知ることができ，むしろその方が情報価値としては高いといえよう。

■実現利益こそが会計上の利益

　ただし，ある特定の資産を不確定な将来キャッシュ・フローによる予測価格で評価したとしても，先物取引やオプションのように，その予想価格ですでに契約が完了，取引としてその価格が実現しているのであれば，未来価値での評価も何の問題もない。しかし，たとえ今この瞬間の市場価格であったとしても，現実に取引が実現していない保有有価証券を市場価値で評価し，あたかもそれが現実の価格であるかのように貸借対照表価格として表示するのには，問題が残る。なぜなら，販売せずに単に保有しているだけであれば，その貸借対照表価格は，次の瞬間に大きく変動するからである。そこには，決して提示された価格で実現するという客観性が担保

されているわけではない。何よりも信頼できる価格ではないのである。単に帳簿上で，決算時点の時価として再評価された資産価値に客観性を求めることはできない。その時点の市場価格が後日に必ずその価格で実現することなど，一体誰が保証できるというのであろうか。

　会計上の利益は，実際に手にとって確認できるものでなければ意味がない。絵に描いた餅では，決して空腹を満たすことはできない。それ故にこそ，キャッシュ・フロー計算書が，貸借対照表と損益計算書とともに，基本財務諸表に加えられているのである。大切なのは，架空利益ではなく実現利益である。単なる貸借対照表上での資産の市場価値による評価替えが取得原価による測定と比べて必ずしも優れているといい切れない根拠の一つがここにある。もちろん，取得原価も取引時点の市場価格であるが，すでにその市場価格で取引が完了しているか否かがポイントになる。当該取引の実現の確認である。損益計算にとって最も重要なのは，この実現概念にある。将来キャッシュ・フローの予測計算は，経営や管理会計にとっては極めて重要であるが，情報を広く一般に公表する財務会計にとっては，事実にもとづく信頼性が何よりも重要になる。なぜなら，財務会計には外部報告といったある意味で公的な色彩を帯びている側面があるからである。この信頼性が根底にあったからこそ，会計は，800年という悠久の時を生き続けることができたのである。

■ 信頼性の変質

　この会計を800年という長い歳月にわたり支えてきた信頼性の意味は，われわれが常識的な意味で用いている用語と国際会計基準審議会（IASB）やアメリカの財務会計基準審議会（FASB）で用いている考えとは異なってきている。会計における信頼性は，その誕生以来，取引事実にもとづく日々の正確な記録によって求められた配当可能な実現利益をもって会計上の利益と見なすことによって獲得されてきた。会計上の利益にとって最も

重要な要因に位置づけられてきたのが実現概念であった。

　ところが，前世紀期末から今世紀に入り，IASBやFASBは，意思決定有用性アプローチを背景に，検証可能性や信頼性に代えて目的適合性や忠実な表現という新たな概念を持ち出してきた。使用価値による測定を基準に置く公正価値会計のもとでは，従来の実現概念が足かせになってきたのである。損益計算を支えてきた信頼性は，1980年のFASBでは，表現の忠実性，検証可能性，中立性の三つによって支えられていた。また，1989年のIASBでは，信頼性は，忠実な表現（実質優先主義），中立性（慎重性），完全性の三つに支えられていたが，21世紀を迎えると，両者による2006年の討議資料や2008年の公開草案を経て信頼性という概念が質的特性から切り離され，検証可能性，中立性と完全性を構成要素とした忠実な表現に完全に置き換えられてしまったのである。

　意思決定有用性を基本とする公正価値会計のもとでは，事実にもとづく検証を第一とし，実現概念を重視する信頼性が邪魔になってきたのである。そのため，信頼性に代わる概念として忠実な表現を持ち出してきた。そして，IASBとFASBは，2010年のファイナルペーパーで，この忠実な表現を支えるものとして完全性，中立性，無誤謬性の三つをあげ，2015年の公開草案以降も，基本的にはこの考えが継承されている[8]。

　わが国も信頼性について同様の方向で捉えようとしている。わが国の企業会計基準委員会（ASBJ）は，2004年7月に公表し，2006年12月に一部修正した討議資料の「財務会計の概念フレームワーク」では，財務報告の質的特性として信頼性を残している。この信頼性の構成要素として，表現の忠実性，検証可能性，中立性の三つをあげている[9]。このまま推移していけば，わが国もやがては国際基準に飲み込まれ，会計の根幹である信頼性をどこか彼方に追いやってしまうのであろうか。

---

[8] IASB［2010］Chapter 3.

[9] 大日方［2007］73-78頁。

■忠実な表現と信頼性の差異

　国際会計基準（IAS）の中心的な基準である国際財務報告基準（IFRS）のいう忠実な表現の具体的な内容である三つの構成要素について，もう少し詳しく見ていくことにする。最初の完全性は，財務報告に際して，意思決定有用性を貫くためには，提供する財務情報を利用者が理解する上で必要なすべての情報を提供することであるとしている。もちろん，この完全な描写には，現在の事実情報だけではなく，現時点における状況に影響を与えるこれからの情報も詳しく提供することも含まれることになる。2番目の中立性というのは，提供する情報の表示手段や方法に偏りがなく，常に一定の変わらぬ判断基準であることである。最後の無誤謬性は，まさしく言葉通り，虚偽記載や誤りや記帳漏れがないことが信頼性を担保するというのである。

　もちろん，ここでいわれるように，誤記，脱漏がないことが正確な記録にとって重要であるのは，いうまでもないことである。しかし，IFRSやFASBの主張する会計は，公正価値会計を前提にしている。そこには，将来キャッシュ・フローの割引現在価値という未来計算が前提にされているため，そこで作成された結果が事実と反することになったとしても，それは，忠実な表現と異なるものにはならないのである。情報の作成にあたり，その計算プロセスに誤りがなければ，忠実な表現に反することにはならないというのである。結果に対しても責任を持つ信頼性とは，大きく異なる概念である。使用価値計算にとっては，信頼性や実現概念は，大きな足かせになる。

　意思決定有用性のもとで公正価値測定という未来計算を取り入れたことが，財務報告の質的特性から信頼性をはずし，忠実な表現にすり替えた最大の理由と思われる。未来計算では，事実に裏づけされる信頼性を担保することなど，できない相談である。

■ 事実から予測への測定基準の変容

　誕生以来800年もの間，利益測定の基礎となってきた取得原価ではあったが，21世紀を迎えて，この測定基準に大きな激震が走ることになる。近年のIASBやFASBに見られる意思決定有用性アプローチのもとでは，取得原価主義による資産価値の表示では，株主とりわけ大株主である投機家からの要望に応えることができないとの観点から，取得原価に代わって公正価値による評価が登場し，わが国の基準設定も原則的には同じ方向に進んでいる。

　重要な点は，決算に際して市場のない保有資産を将来もたらされるキャッシュ・イン・フローによって評価し，その価格を現在の公正な価値とするところにある。果たしてそのような予測による価格が真に公正といえるのであろうか。すぐ後で述べるが，まさしくネーミングの妙である。

　公正価値には，市場価値と将来キャッシュ・フローの割引現在価値（使用価値）の二つがある。いうまでもなく，市場価値は，取引時点の取得原価であるため，実際に行われた取引を市場価値で評価することには何の矛盾もない。問題は，単に保有しているだけの金融資産や固定資産を市場価値で評価することにある。繰り返し述べてきたように，実際に取引がなく単に保有しているだけであれば，決算時点の価値は，次の瞬間に変動してしまう。また，市場のない資産を将来キャッシュ・フローで測定するなどというのは，会計の根幹である信頼性という観点からすれば論外の測定法である。市場がないのであれば，現実に市場が存在していた取得時点の市場価値，すなわち取得原価で評価すれば，何の問題もない。両者の価格差は，実際に取引が完了した時点で計上すればよいだけのことである。

■ 財務会計に未来計算は不用

　そこで，将来キャッシュ・フローという予測による測定法が公正で極め

て優れた正当な測定基準であり資本委託者の信頼に応え得る評価基準であるという何らかの理屈をつける必要に迫られる。そこで考え出されたのが，信頼性に代わる受託責任という概念である。資本提供者から預かった資金の保全管理だけではなく，運用についても責任を持つというのである。

　ただここでいう責任は，結果に対する責任ではなく，あくまでも資本委託者の要望に応じた運用をしたか否かに対する責任である。予測によって求めた数値の結果責任など誰も持てるはずがないからである。この点については，拙著『会計学者の責任―歴史からのメッセージ』の第5章と第6章で詳しく述べているのでここでは省略する。800年にわたり信頼できる事実にもとづく取引情報を提供してきた会計にとっては，この推定によって測定された価格に果たして信頼を付与することができるのであろうか。信頼性を基軸にする会計学というフィールドに，不確実な予測にもとづく将来キャッシュ・フローによる測定という物差しを用いることの是非が問われることになる。

　いうまでもなく，商品や備品や建物の購入といった実体を持った資産のやり取りに際して基準となる価格は，その時点での市場価値すなわち時価である。取引時点の取得原価は，まぎれもなく市場価格である。それが時を経て，購入時点と現時点での時間的な落差によって，当該資産の価格の間にも差異が生じてくる。このとき，購入時点の価格を取得原価と呼び，現時点の価格を時価と呼んでいるだけのことであり，両者の間には何ら本質的な違いはない。

　このように見てくると，公正価値を市場価値（時価）に限定するのであれば，取得原価と公正価値の間には本質的な違いは存在しない。問題は，将来キャッシュ・フローという未来計算を財務会計の測定領域に持ち込むことの是非である。不確実な未来情報を提供するのは，外部への報告というある意味では公的な色彩を帯びる財務会計の役割ではないということである。そうした測定方法は，未来を想定する経営か経営分析あるいは管理会計の分野の手法である。

■企業価値測定と将来キャッシュ・フロー

　すでに決済が完了した資産であれば，その価格がたとえ予想の価格で評価されていたとしても，現実に取引事実が存在している限り，客観性は担保されていることになる。しかし，単に保有しているだけの資産であれば，貸借対照表に表示されている資産の市場価値に客観的な保証を与えることは難しくなる。次の瞬間に，価格が大きく変動する可能性があるからである。客観性が担保されていないにもかかわらず，その価格にあたかも安全性が担保されているかのような情報を提供していくのは，財務会計の本来の役割ではない。

　繰り返し述べてきたが，公正価値が抱える最大の問題は，過去会計としての財務会計に予測による測定という未来会計を導入したことにある。客観的で誰からも検証可能でなければならない測定基準に，期待という現実にはその実現を保証できない未来価値を導入してきたのが，会計に混乱を持ち込んだ最大の要因である。投機家にとっては，取得原価ではなくこの将来キャッシュ・フローの割引現在価値（使用価値）こそが企業価値の測定にとって最も重要になる。

　しかし，これは会計の領域ではなく経営の問題である。会計にとってのノイズは，経営にとっては当然のリズムなのかも知れない。過去にいくらで購入したかという取得原価情報は，単なる一つの情報価値に過ぎず，投機家の意思決定にとって重要なのは，企業のブランド価値を示す現時点での株価総額，すなわち企業価値情報なのである。現在の企業価値が将来いくらになるかという情報こそが，安く買って高く売り抜けて利益を獲得する投機家にとっては，最も有用な情報になる。信頼性は，二の次なのである。投資対象の企業が果たす社会的な役割や貢献度などは，彼らの投資意思決定の判断材料とは無関係である。

■金融資本と金融派生商品の評価

　本来，企業価値を構成する要素は，貸借対照表の借方（左側）に表示されている。この借方が資産と呼ばれ，資産は，流動資産と固定資産と繰延資産の三つに分類される。もちろん，各企業は，多くの負債も抱えているため，実質的な企業価値は，資産から負債を控除した純資産，一般的には資本と呼ばれるものを指すことになる。この会計上の純資産は，株主資本，評価・換算差額と新株予約権の３項目に分類され，株主資本はさらに資本金，資本剰余金，利益剰余金，自己株式に分類される。このような難解な説明の繰り返しが会計嫌いを誕生させる要因になっているのであろう。

　こうした会計上の分類とは別に，資産の一種として，新聞紙上では金融資本という用語がしばしば用いられる。この金融資本とは，元来，産業革命以降の資本の蓄積過程で形成された産業資本と巨大化した銀行で蓄積された貨幣資本とが合体して構成された資本を指す概念であるが，一般的には金融資産を指すことが多い。具体的には貨幣や金融商品といった現金預金，受取手形，売掛金，貸付金等の金銭債権，それに株式や公社債および金融派生商品などが含まれる。この中でも会計上特に問題になるのが，株に代表される有価証券や先物取引・スワップ取引・オプション取引と呼ばれる金融派生商品の評価である。

　金融派生商品の評価は，先物取引で代表されるように将来の予測によって決められる。本来ならば，こうした予測によって測定される評価額は，貸借対照表価額として計上されるべきものではない。しかし，この先物取引は，先にも述べた通り，将来の予測価格ではあるが，すでに取引が完了している。だとすれば，たとえ予測による価額であったとしても，すでに実現した価額なのである。実現した価額を計上することには，会計上何の問題もない。

　もし，信頼性を置き去りにして，有用性という名のもとに事実と異なる単なる期待情報を提供するのが会計の役割だとすれば，会計は，早晩その

役割に終焉を告げることになるであろう。バルーク・レブとフェン・グーが2016年に出版した『会計の終焉と投資家と経営者のための道しるべ』（邦訳は，伊藤邦雄監訳［2018］『会計の再生』中央経済社）において懸念して

土佐堀川南詰に建てられた豪商淀屋の屋敷跡の碑

いるように，財務情報と投資意思決定との価値関連性が5％程度に過ぎないのであれば[10]，会計は，投資に有用な情報を提供する役割を果たしていることにはならない。投資に有用な財務報告としての会計は，目先の有用性よりも，今一度，会計の原点である信頼性に立ち戻ることが先決である。

　余談ながら，世界初の組織的な先物取引は，大阪の淀屋を中心にした米市場で行われていたといわれている。江戸時代の延享5年（1748）に刊行された『米穀売買出世車図式』で，米取引には「帳合米商い」というお米券による先物取引があったことが記されている。現実に購入した米を保管する米蔵を持つことなく，思惑によって何万石もの取引を相場によって行い，何万両もの取引を瞬時に行っていたという。暴走する市場経済のもとで，遅くとも18世紀半ばまでには，すでにわが国で先物取引が行われていたのである[11]。

10　レブ，グー共著，伊藤監訳［2018］70-71頁。

11　高槻［2018］34-38頁。

2

取得原価主義会計から公正価値会計へ

■金融資本主義の台頭と公正価値会計

　アメリカにおいて1970年代に始まるIT（Information Technology）産業の発展は，1980年代に入ると瞬く間に世界を席巻し，巨額の資金が一気にIT業界に流れ込む。いわゆるインターネット・バブルである。ごく一握りのアメリカを中心にした機関投資家によって巨額の資金が株式市場に投下され，金融資本主義ないしは株主資本主義の本格的な胎動が始まる。産業の発展にとって縁の下の力持ちの役割を果たしてきたはずの金融資本がITの進展と相まって，あっという間に表舞台に躍り出て，世界市場における金融のグローバル化を推し進めていく。膨大な資金を手にしたごく一部の個人の大株主や投資ファンドが自分たちにとって都合の良い制度や基準の作成に影響を及ぼし，あたかもそれが公正な基準であるかのように，グローバル・スタンダードと称して世界中に押しつけていく。富の偏在の始まりである。

　投機家たちは，証券市場に膨大な資金を投入し，短期間に回収して差額としての利益を獲得する。投資した会社の長期的な成長やその企業が果たす社会的な役割などには，さほど関心はない。彼らの目的は，企業の健全な成長のサポートではなく，短期間に巨額の資金を投資しその株の売買差額で利益を得ることにある。こうした投機家の要求に応えるためには，これまでの取得原価情報では対応できず，必然的に企業がこれから獲得すると予測される将来のキャッシュ・イン・フローが重要になる。利益に関しても，過去１年間で獲得した当期純利益ではなく，これから獲得するであろう利益を含んだ包括利益（純資産の増加分＝当期純利益＋その他の包括利

益[12]）に関心が移っていく。単なる現在の市場価値情報ではなく，将来の市場価値情報，すなわち来価に依拠するようになる。極論すれば，彼らの関心は，利益情報ではなく，瞬時に変動する株価の値動きそのものにある。

この瞬間の株価の変動に最も適合している測定基準が公正価値である。この公正価値は，時として時価と呼ばれるが，これまでに一般的に用いられてきた売却時価や再調達原価あるいは正味実現可能価額といういい方で使われてきた時価だけではなく，未来の予測値を含んだ将来キャッシュ・フローの割引現在価値（使用価値）といわれる測定基準によって求められた時価である。すなわち，現在価値ではなく未来価値を指している。近年では，売却時価に代わって出口価格（出口価値）とか再調達原価に代わって入口価格（入口価値）といった呼び方がされている。なぜなら，売却時価や再調達原価というのは，現実に実現した価格を指すが，公正価値会計のもとでは必ずしも実現を前提にしない予測によるある特定の時点の瞬間の価格を指すため，実現した価値と区別するため，そうした呼び方がされている。

■ IFRSの公正価値の定義と非現実性

IFRS第13号は，公正価値を次のように定義している。すなわち，「測定日時点で，市場参加者間の秩序ある取引において，資産を売却するために受け取るであろう価格または負債を移転するために支払うであろう価格[13]」と。この定義は，財務会計基準書（SFAS）第157号の定義と同じであり，具体的には先にいった出口価格を指している。

公正価値は，市場価値と将来キャッシュ・フローの割引現在価値の二つで構成されているが，中心は，将来キャッシュ・フローによる予測計算で

---

12 その他の包括利益（OCI）には，投資有価証券評価差額，繰延ヘッジ損益，退職給付に係る調整額，為替換算調整勘定，保有土地の時価差額がある。

13 IASB［2017］IFRS13, Fair Value Measurement.

ある。われわれは，信頼性を基軸に進化してきた会計において，予測で求めた価値のどこに実現価値としての現実性を求めることができるというのであろうか。実際の利益分配を絵に描いた餅で行うことは，決してできない。そのため，たとえ予測による未来計算の先物取引であっても，取引した双方がその見積価格に納得し，すでに取引が完了しているのであれば，たとえ市場が不完全で厚みがなくても，取引が実現し，かつその取引事実が検証可能であるため，信頼性を担保しているということができる。たとえその価格が予測の価格であったとしてもである。

　投資ファンドにとっては，現在の市場価値によって企業価値を測定することには，それほど大きな意味はない。なぜなら，それでは現行の混合測定会計による評価とあまり違いがないからである。彼らの投資の最大の関心は，現時点ではなく将来の企業価値がいくらになるかにある。そのため，現在の市場価値というよりもむしろ，将来のキャッシュ・イン・フロー計算の中に情報の有用性を見出すのである。こうした考えが測定基準を取得原価ではなく，また単純な市場価値による時価評価でもない，近未来を視野に入れた公正価値へと変容させていった最大の要因なのである。

　しかし，将来の予測情報を提供することは，本来の財務会計の役割領域を超えているといわざるを得ない。そうした行為は，経営者の意思決定に有用な情報を提供する経営学，ないしは管理会計の役割である。株主にとって有用な情報の提供という意思決定有用性アプローチが，財務会計の領域に深く入り過ぎたために生じてきた現象ともいえる。財務報告にとっての優先順位は，有用性や目的適合性ではなく信頼性や検証可能性であることに立ち返ることである。

■ 公正価値会計の国際化

　市場には，あらゆる情報が含まれている。そのため，資産の評価にあたっては，市場価値で測定するのが最も客観的で合理的な方法であるといわ

れてきた。それ故，会計の利益計算構造を支える複式簿記は，その発生以来，取引時点の市場価格，すなわち取得原価を会計的測定の基準として展開してきた。ただ，市場の完全性がどこまで担保されているのか，また市場の情報効率性がどこまで確実なのかについては，2007年の半ば以降に始まるサブプライム危機から2008年9月のリーマン・ショックによって大きく揺らいだのも事実ではある。さらに，2019年11月末から12月にかけて発生したと思われる新型コロナウイルスが与えた経済的ダメージは，異質ながらリーマン・ショックを遥かに凌ぐものである。

　市場に対する信頼を損なわせた要因は，市場に提供される情報が期待値や予測値といった投機家にとって都合の良い情報ばかりが優先され，時として現実の姿と大きく乖離してしまったのが原因の一つと思われる。また，市場は，必ずしも厚みを持っていつでも容易に換金できる活発な環境を備えているわけではなく，取得原価主義会計に比べて市場価値（時価）会計の優位性がそれほど明確であるともいい切れないのである[14]。そのため，取得原価主義会計から全面的な公正価値会計への急速な移行は，時として有害になることもある。

　それにもかかわらず，IASは，グローバリゼーションという名のもとに，包括利益だけではなく当期純利益もあわせて提示する（リサイクリング）といったいくつかの点で譲歩を見せながらではあるが，公正価値会計を強力に推し進めようとしている。あたかもこれが最も優れた，最も有用な測定基準であるかのように。今日，損益計算の信頼性を基軸に進化してきた簿記会計がこうした矛盾とリスクを抱えているにもかかわらず，公正価値会計を国際基準として推し進めようとする要因は，一体どこにあるのであろうか。

　答えは単純である。市場における株式相場は，絶えずランダムに変動するため，そこに登場する時価の中には，経営の一切に関する情報が含まれ

14　高寺 [2008] 235-237頁。

ているとする考えである。市場の情報効率性仮設である。しかし，市場が効率的に作動しているという仮説に対しては，先に述べたブロミッチの他にも，アーサー・R・ワイアットによって反証されていることは，すでに高寺によって指摘されている[15]。市場の不完全性は，サブプライム危機や新型コロナショックによってもその現実性を経験済みである。

　今一つは，意思決定有用性アプローチである。株主資本主義ともいわれる現代において，会計の情報提供機能の向かう先は，投資家とりわけ大資本を有する大株主，一部の投機家や投資ファンドである。彼らにとって有用な情報は，将来を見据えた将来キャッシュ・イン・フローにある。これら二つが，公正価値をグローバル・スタンダードとして会計学の測定基準に据え置いた理由である。

　過去会計における測定基準といわれる取得原価も取引時点では市場価値，すなわち時価なのである。しかし，同じく時価であっても現に市場で取引されている現在価値と市場に存在しない資産をその将来キャッシュ・フローから推定して公正な価値と称して測定する未来価値とは，峻別しなければならない。それと同時に，同じく市場価値で評価するときでも，実際に取引が完了して実現した価格と単に保有している資産を現在の市場価格で評価する価格とは，区分して考えなければならない。損益計算にとっては，実現しているか否かが重要なキーワードになる。

　現実の分配を伴う損益計算において，将来の価値を予測して求めた期待利益では，役割を果たすことができない。現時点での事実によって担保された市場価値と未来の予測による不確定な市場価値とは，分けて考える必要がある。両者には決定的な違いがある。当該資産が企業に経済的便益を与えると予測されるとき，その資産が生み出す将来キャッシュ・フローで評価すれば，貸借対照表の資産に人為的な不安定要素が混入されることになり，市場をより一層不安定なものにする。

15　Wyatt [1983] p.56. 高寺 [1984] 88-90頁。

■ 公正価値[フェア・バリュー]というネーミングの妙

この非客観的で不確実で不安定な将来キャッシュ・フローの割引現在価値（使用価値）を公正価値と名づけたところにも，IASBやFASBの明確なメッセージが隠されていると思われる。会計の第一義的な役割は，利害関係者，とりわけ株主への情報提供にある。この情報の提供先は，企業の意思決定や人事権までも左右するほどの株式を所有する大株主であり，今日ではその大株主の多くは，投資ファンドや投機家である。この投機家の意思決定に有用な情報を提供するのが会計の役割ということになる。彼らが投資意思決定をするに際しては，事実にもとづく信頼できる客観的な過去情報ではなく，たとえ不確実な情報であったとしても，将来の予測にもとづく未来価値の提供がより有用になる。取得原価と公正価値，どちらが有用な測定基準であるのか，彼らの答えは明らかである。投機家の目的は，投資対象の企業の安定的な配当や持続的な成長などには何の関心もなく，ただ，株を安く買い求め高く売り抜け，巨額の利益を手にすることのみに関心がある，といえば言い過ぎであろうか。

財務諸表に提示される利益が予測を含んだ期待利益であれば，たとえそこに多額の利益が提示されていたとしても，そうした情報を鵜呑みにして投資する人は，必ずしも多くはないであろう。信頼できる情報か否かが投資意思決定の主要な判断材料になる。不確実な予測による情報に，信頼性を付与させるためにはどうすればよいか。予測が織り込まれた評価基準を正規の測定基準として認定させるためには，どうすればよいか。その答えが，市場のすべての情報を織り込んだ複雑な計算式によって算定された利益であると提示し，その利益が公正な利益であると思い込ませることであった。その答えとして用意されたのが公正価値であり，その価値をフェア・バリューと名づけたのである。

フェア・バリューとは，まさに伝家の宝刀に値する名称である。外部報告というある意味で公的な性質を持つ財務会計に私的な管理会計的予測計

算が持ち込まれたため，将来キャッシュ・フローの割引現在価値に取得原価と同等の客観性や信頼性を付与する必要に迫られて思いついたのが「公正」という名前である。「フェアな価値」で評価するといえば，誰も反対できない。極めて巧妙な戦略だったのではなかろうか。もし反対すれば，アン・フェアな評価方法を認めたことになる。しかし，誰が一体，不確実な将来の予測価格を公正な価値と認めるというのであろうか。フェア・バリューとは極めて考え抜かれた呼称であり，巧妙な戦略である。

■ 公正価値と信頼性

　会計が会計として成立するための最も重要な要因は，事実にもとづく正確な会計記録とそれによる損益計算の信頼性にある。会計の損益計算構造を支えてきた複式簿記は，実地棚卸によってストックの側面から求めた利益を継続的な記録によってフローの側面から求めた利益で検証することによって完成した[16]。事実によって検証できる正確な損益情報を提供してきたが故に，複式簿記は，800年という長きにわたって継承されてきたのである。

　これまでの会計の損益計算に，将来の予測計算が混入されてくると，客観的で事実にもとづく検証可能な情報提供という伝統的な会計に対する信頼が揺らいでくる。如何に有用であろうとも，どのような結果になるか分からない予測計算によって提供される情報に対して，責任など持てるはずがない。しかもその有用性がごく一部の投機家に対してのみ有用であるというのであれば，問題である。そうした会計情報によって獲得した富がごく一部の人に独占され，富の偏在化によって多くの人や国が貧困に喘ぎ，それが原因で差別や犯罪あるいはテロや戦争による殺戮が生み出されているのであれば，そうした結果を招く法律や制度，基準の設定に関わった者

16　渡邉［2017］54-58頁。

の責任が問われることはないのであろうか。もし，法律や公的な制度や基準が経済的格差の助長や貧困，あるいは差別や犯罪の元凶になっているのであれば，そうした法律の制定や実務的な制度設計に携わった人たちの責任には，大きなものがあるといわざるを得ない。

　金融資本主義を背景にした市場効率性理論によって経済的格差が拡大しているにも拘わらず，この不条理を増幅させている制度や基準が法律によって擁護されているなら，たとえそうした負の連鎖に矛盾を感じたとしても，それに歯止めをかけるのは，極めて困難になる。少なくとも，法に触れる不正な行為でない限り，強制的にやめさせることはできないからである。しかし，適法と適正は，別の次元である。如何に法律に反していない行為であったとしても，それが多くの人にとって，また社会にとって適正であるか否かは，次元の異なる話である。今一度，会計学の役割，会計人としての責務を再考してみることが必要である。

　こうした状況下で，近年のIFRS等で新たに主張されてきたのが受託責任という考え方である。この考えは，これまでの財務諸表（会計）の目的が財務報告（経営）の目的へと拡大され，信頼性に代わって再び登場してきた概念である[17]。それに伴い，2018年のIASBの概念フレームワークでは，受託責任の概念が企業側（作成者）に対する責任から株主（利用者）に対する責任に変容したという[18]。まさしく，金融資本主義，端的にいえば株主資本主義の考え方を反映した現象であろう。

　しかし，会計学が提供できる情報と経営の意思決定にとって有用な情報との間には，計り知れない落差がある。すぐ後でも述べるが，例えば地域間で生じた紛争やある国のトップの政権交代，天候や水害や地震といった自然災害，新薬の発明や新型コロナといった突然に襲ってくる感染症，あるいは経営トップの交代といった会計とは直接的には無関係な情報によっ

17　IASB [2018] IFRS Chapter 1, Objective of Financial Reporting.
18　岩崎 [2019] 40頁。

て，株価は大きく変動する。経営の意思決定と会計情報との価値関連性は，薄いといわざるを得ない。

　この変容した受託責任の特性は，信頼性と検証可能性と中立性の三つにあるというが，果たして受託責任がこれらの三つの要素を担保した概念だといえるのであろうか。次節で詳しく見ていくことにする。

3 信頼性と忠実な表現，そして受託責任

■ 受託責任と会計責任
スチュワードシップ　アカウンタビリティ

　会計学の第一義的な役割は，利害関係者の意思決定に有用な財務情報や損益情報を提供することにある。重要なのは，この情報が信頼に足る情報であるか否かにかかっている。この点は，今も昔も変わりはない。会計の根幹である損益計算を支える複式簿記は，繰り返し述べてきたように，実地棚卸で求めた利益を検証するために完成したのである。たとえ今日のように，国際会計基準やアメリカ基準で求める利益（包括利益）が伝統的に会計が求めてきた利益（当期純利益）とは違っているとしても，その利益の信頼性を何らかの方法で検証することを避けて通るわけにはいかない。そこで，旧来の信頼性に代わって会計基準の質的特性として登場するのが忠実な表現であり，具体的な目的としての受託責任である。

　なお，包括利益による計算書は，1992年のイギリスの会計基準審議会（ASB）による総認識利得損失計算書が最初で，その後1997年のアメリカの財務会計基準審議会（FASB）や国際会計基準委員会（IASC）の公表によって徐々に定着していく。わが国でも2012年6月21日の改正企業会計基準第25号「包括利益の表示に関する会計基準」で規定されている。

　会計の根幹は信頼性にあるが，同じく信頼性といえども，伝統的な過去
会計における信頼性と今日の将来キャッシュ・フロー計算を重視する国際
基準やアメリカ基準における信頼性とでは，大きな違いが生じている。
800年にわたり培ってきた過去・現在会計としての取得原価主義会計のも
とでの信頼性は，事実によって検証可能な透明性と客観性を兼ね備えた信
頼性である。それに対して，FASBやIASBが目指す信頼は，単に過去の
事象に対してだけではなく，将来の事象に対しても責任を持つというので
ある。これが受託責任である。しかし，これから起きるであろう未来につ
いて一体誰が責任を持てるというのであろうか。未来に生じる事象が必ず
現実になるという保証など誰一人として持つことなどできるはずがない。
そこで，信頼性に代わる新たな概念が必要になる。こうして登場してきた
のが受託責任という概念である。単に過去・現在に対して信頼を付与する
だけではなく，未来計算に対しても責任を持つというのである。

　FASBやIASB等がいう受託責任というのは，元来，中世イギリスの封
建領主の執事が領主の財産の管理・運用に責任を持って対処するために用
いられた考え方である。この執事，すなわち財産管理人のことを英語でス
チュワードといい，この執事の仕事をスチュワードシップと呼んでいた。
これが今日のFASBやIASBのいう受託責任概念の基盤になっている。

　スチュワードシップ，すなわち受託責任は，リトルトンが複式簿記発生
以前の中世イギリスの荘園制度のもとで，財産管理人（スチュワード）が領主の全財産の管
理・運用を任されていた経営受託制度から導き出した考え方である[19]。こ
の経営受託制度は，複式簿記の誕生に先立って，執事が封建領主の代理人
として財産の管理・運用を委託されたシステムを指している。重要なのは，
単に財産の保全管理の責任だけではなく，その運用に対する責任をも兼ね
備えた概念であった点にある。言い換えると，単なる過去・現在の結果と
現状に対する責任だけではなく，未来に対する責任まで持とうというので

19　Littleton［1953］pp.79-82. 大塚訳［1955］115-120頁。

ある。投資を拡大させていくためには，たとえどのような不確実な将来の
キャッシュ・イン・フローの予測計算であったとしても，それに対してそ
れなりの責任を持つことが必要になる。この不確実な予測計算に対してま
でも説明責任を持つというイメージで用いられたのが受託責任である。

信頼性から忠実な表現へ

　IASBは，これまで有用な財務情報の質的特性の一つとして信頼性をあ
げていたが，2006年の討議資料で信頼性に代わって忠実な表現を掲げてい
る。公正価値を測定基準とする国際会計基準のもとで投資家の意思決定を
まさに忠実に遂行するためには，伝統的な信頼性では不十分と考え，忠実
な表現を表に出してきたのである。忠実な表現というのは，①検証可能性，
②中立性，③完全性，という三つの要件を満たすことを前提とした概念で
あり，これによって従来の信頼性が担保されるというのである[20]。IASBの
2015年の公開草案では，経済的優先，完全性，中立性，誤謬性をあげてい
る[21]。いずれにせよ，信頼性というだけでは抽象的であるという。そのた
め，将来キャッシュ・フローを取り込んだ未来会計である公正価値会計の
もとでは，たとえ不確定であっても，より具体的な定義が必要と考え，先
の三つないしは四つの要素で信頼性を具体化しようというのである。それ
とも，真の狙いは，他にあるのであろうか。
　会計における信頼性は，決して抽象的な概念ではない。会計の損益計算
構造を支えてきた複式簿記の生成当初の歴史を振り返れば，そのことは，
明々白々である。13世紀初めにイタリアで誕生した複式簿記は，公正証書
に代わって文書証拠の役割を果たすための手法として誕生し，事実にもと

---

20 FASB/IASB [2006] Discussion Paper, The Objective of Financial Reporting and Qualitative Characteristics of Decision-Useful Financial Reporting Information.

21 IASB [2015] Exposure Draft, Conceptual Framework for Financial Reporting.

づく正確な取引記録によって実地棚卸で求めた利益の正しさを検証するための技法として，その誕生から百数十年の時を経て，完成を見ることになる。こうして複式簿記は，損益計算の合理性と信頼性を勝ち取ったのである。

したがって，複式簿記を完成に導いた信頼性は，①事実性，②検証可能性，③客観性，の三つに支えられた具体的な概念である。これら三つの構成要素が，信頼性に代わる忠実な表現の質的特性の構成要素である①完全性，②中立性，③無誤謬性と比して，抽象的な概念であるとは決していえない。とはいえ，公正価値会計にとっては，事実による検証可能性が担保されているとはいえないため，信頼性をそのまま質的特性として残しておくわけにはいかなかったのであろう。

■ 受託責任は信頼性のメタ基準

国際会計基準審議会（IASB）は，個別の会計基準の上位概念，メタ基準として概念フレームワークを設けているが，財務報告にとって最も重要な目的として，将来キャッシュ・フローによる予測と一時期削除していた受託責任を2018年に復活させている。信頼性を忠実な表現に転換したが，仮に信頼性がそのままの形で残されていたとしても，その上位概念として受託責任が規定されているのに変わりはない。だとすれば，会計が800年という悠久の時を刻み続けることができた事実性や検証可能性あるいは客観性に担保されていた信頼性の理念は，受託責任にとって代わられたことになる。

会計に対する信頼をあえて受託責任という新たな概念に置き換えたところに，FASBやIASBの意図するところが読み取れる。いうまでもなく，投資リスクは，自己責任が原則である。もし，投資に対して会計責任を負うとすれば，そこに企業側の責任も問われる余地を残すことになる。しかし，2018年に財務報告書の責任を作成者（経営者）から利用者（株主）に転換したのが受託責任であれば，それは，企業が投資家の要望に添った運

用をしたか否かの責任であって，投資それ自体の結果に対する責任とは分けて考えることができる。「会計行為そのものに責任を負うことを避けるための用語であった」といえば，いささか偏った見方であろうか。

　受託責任は，何よりも委託された資金の管理・運用に対する説明責任である。単に預かった財産の管理保全という現在・過去会計に止まらず，資金の運用という未来会計をも視野に入れた概念なのである。そのため，将来キャッシュ・フローを重視する公正価値を擁護する立場に立つ論者にとっては，受託責任は，極めて有効な概念になる。なぜなら，信頼性は，単に過去の事象に対する責任であり，将来の事象に対する責任までも含むことにはならないからである。それに対して，受託責任であれば，将来の管理・運用にまで及ぶため，公正価値会計にとっては好都合な概念ということができる。

　如何に自己責任といえども，提供する将来の予測情報に何の責任も持たないのでは，経営者としての責務を果たしているとはいえなくなる。また，批判を受けても反論するのが難しくなる。そのため，如何に不確実な未来情報といえども，提供する情報に対する説明責任を果たす必要に迫られる。その結果考え出されたのが受託責任概念である。これは，財産管理人と同様，経営者が資本提供者である株主から受託した資本を将来にわたって有効に管理運用し，その結果を説明する責任を果たすことを示したものとして捉えることができる。将来キャッシュ・フローを想定した公正価値会計にとっては，受託責任は，まさに当を得た責任概念になったのである。

■受託責任は信頼の免罪符

　受託責任の中心は，提供した情報の正確性，あるいは結果に対する責任というよりもむしろ，提供した情報が委託者にとって有用であるか否かにある。投資家の意図に添った情報，投資意思決定に有用な情報であることへの説明責任に過ぎない。投資に対する有用な情報には，多くの未来情報

が含まれているため，投資の結果が提供した情報通りになることへの責任
など持てるはずがない。繰り返しになるが，受託責任というのは，あくま
でも投資家が期待する有用な情報を提供することを了解したという意味で
の責任である。

　それに対して，取得原価を擁護する論者にとっての説明責任は，将来に
わたる運用責任までも含むものではなく，提供する情報が事実に裏づけさ
れたものであるか否かについての説明責任である。いわば，提供した情報
の結果責任である。事実にもとづく証拠によって検証可能性が担保された
取得原価主義会計のもとにおける信頼性と未来会計である公正価値会計の
もとにおける受託責任としての信頼性とでは，そこには大きな質的な違い
がある。提供する情報の有用性とそれが事実であるという保証とでは，同
じく信頼性と呼ばれる概念にも決定的な差異がある。どちらが良いかでは
なく，役割の相異である。

　受託責任は，あくまでも受託した通りの運用を行ったことに対する責任
と見なすのが妥当である。投資した結果に対しては，あくまでも投資家の
自己責任なのである。それ故にこそ，公正価値を測定基準に置くFASBや
IASBは，信頼性に代わって忠実な表現を，さらにその上位基準として受
託責任を置いたのである。だとすれば，そうした基準を提供する会計の責
任は，問われないのであろうか。私には，責任逃れの便法に過ぎないよう
に思えてならない。財務会計がとるべき責任は，どちらが義に適っている
かである。有用であるか否かとは別の物差しで測らなければならない。

　取得原価主義会計における信頼性は，これまでに報告した情報の内容が
事実にもとづいて正確に計算されたものであることを証明するための信頼
であり，結果に対して責任を持つということである。したがって，そこに
おける責任は，会計行為そのものに対する信頼性の担保を意味することに
なる。それに対して，公正価値会計を柱に据える国際会計基準における忠
実な表現やその上位理念である受託責任は，あくまでも預かった資本をど
のように運用したかについての説明責任であり，決して結果に対する責任

を意味するものではない。一見，両者における信頼性が同質のようにも受け取られるが，そこには決定的な違いがあることを認識しておくことが大切である。FASBやIASBが主張する受託責任と，会計が800年にわたって綿々と築いてきた信頼性に対する単なる免罪符に過ぎないといえば言い過ぎであろうか。

　金融資本主義という経済体制を実質的に支えているのが今日の公正価値会計であり，現代会計学が主張する意思決定有用性アプローチである。行き過ぎたグローバリゼーションがそれを後押ししてきたといえよう。コロナショックで世界中の経済が混迷している今こそ，金融資本主義のあり方やそれを支えてきた会計学の会計制度や基準設定，あるいは概念フレームワークを根本から見直すときである。

　グローバリゼーションが進行する中で，会計学が基本理念として設定してきた意思決定有用性アプローチに代わる代替アプローチである開示情報信頼性アプローチ（188頁・図表2）によって，会計システムを根底から組み換え，株主資本主義によって生み出された経済的格差やそれに伴う貧困や差別，犯罪やテロ・紛争を解消することが経世済民を支える会計学の本来の役割であり責務なのである。

■ 資金が資金を生み出す

　投資家にとって有用な将来キャッシュ・フロー情報は，予測情報である。そのため，当然のことながら大きなリスクを伴う。有用な情報と信じて投資した結果，多くの利益を得る投資家もいれば，多くの損失を被る投資家も出てくる。

　そうした中で，ヘッジファンドといわれる投資の手法が登場する。この手法は，様々な金融商品に分散投資して，リスクをヘッジすると同時に，市場価格が仮に下落したときでも高い運用利益を追求することを目的とした投資の一種である。分散投資をするためには，当然のことながら多額の

資金が要求される。ごく単純に説明すれば，たとえ株価が下落しても多額の資金をつぎ込んで買い続ける。そうすれば，どこかの時点でどれかの株が反転して値を上げる。そこで売却して利益を得るという理屈である。そのためには多額の資金が必要である。わずかの資金しか持ち合わさない一般の投資家や，そもそも投資する資金など初めから持ち合わせていない多くの人にとっては，ヘッジファンドなどという投資には，はなから無縁である。その結果，多額の資金を有する極めて少数の者だけが巨額の富を増やしていくことができる。資金を持たないごく一般の市民は，利益の獲得競争から落ちこぼれ，富める者はますます富み，貧しきものはますます貧しくなっていく。

　こうした状況を生み出す理論形成に，たとえ知らず知らずのうちであったとしても，もし会計学が参画しているのであれば，またたとえそれが世界の動向であるとしても，立ち止まって不条理な理論を再検討する意識を持たなければならない。これが国際基準であるという大義のもとで，意思決定有用性を中心に据える公正価値会計は，結果的には経済的格差を助長し，様々な社会の矛盾を増幅する会計基準として機能していることになる。わが国も基本的には，IFRSとのコンバージェンス（収斂）を念頭に置いているため，目指す方向は，同じである。ただ，わが国の企業会計基準委員会（ASBJ）が2006年12月にまとめた討議資料における「財務会計の概念フレームワーク」では，財務情報の質的特性として信頼性を残したのがせめてもの救いである。

■ 私的な内部報告と公的な外部報告

　如何なる結果に対しても，信頼が持てる範囲には，時間的にも空間的にも，当然のことながら限界がある。近年のAIの著しい進化によって計算上の誤謬は，皆無に等しくなった。もちろん，基礎データのインプットそのものを間違っていれば論外であるが。しかし，未来の予測に関して誰も

保証できないのは，今も昔も変わらない。会計とりわけ財務会計の役割は，現実のありのままの姿を写し出し，それを利害関係者に開示することにある。事実情報を正確に提供することによって信頼を勝ち取ってきたのが会計である。それ故にこそ，800年という長きにわたり継承されてきた。会計における財務情報は，決して予測や期待によるバラ色の世界を映し出すものではなかったはずである。それがいつの間にか，有用性とか目的適合性という名のもとで，内部報告としての私的な色彩を帯びる管理会計と外部報告としての責任ある公的な役割を果たす財務会計との混濁が見られるようになってきた。

　不確実な将来の予測計算に客観性を担保し，予測計算としての公正価値会計に信頼性を与えるために用意されたのが忠実な表現とか受託責任という概念であった。しかし，個々の企業が将来に起きる事象に対してどこまで責任を持つことができるというのであろうか。2011年3月11日に東北地方を襲った東日本大震災で被った第一原発事故による事故処理費用は，当初経済産業省が21.5兆円と試算していたが，2019年3月9日の朝日新聞によると，日本経済研究センターが35兆円から最大で81兆円にも上るとの試算を出している。東京電力1社で責任の負えるレベルの話でないのは，誰の目にも明らかである。最終的には税金によって，すなわちわれわれが負担するのである。

　原子力安全保障委員会がいくら安全宣言を出したところで，それが如何に無意味なことであるのかは，いうまでもない。それにもかかわらず，のど元過ぎれば熱さ忘れるではないが，またぞろ平気で再稼働の安全宣言を出している。どのような厳密な計算式によって未来の予測を立てたとしても，所詮，予測は予測である。いくら未来のことに責任を持つといわれても，そのような主観的な保証など何の役にも立たない。受託責任では信頼性の代わりにはならないのである。重要なのは，現実をしっかりと直視すること。会計学は，バラ色の未来学ではなく，まさしく実学なのである。この点を忘れてはならない。

　金融資本主義といわれる今日の経済構造において，公正価値による測定手法が最も都合の良い基準だとしても，果たしてそのような基準が真に信頼に値するものなのかをしっかりと見極めることが肝心である。会計学にとって何が一番大切なのかそうでないのかをしっかりと頭に叩き込み，胸に刻み込むことである。会計が社会に対して果たすべき役割は，企業活動のプロセスとその結果を現実に生じた取引事実にもとづいて，信頼できる客観的で誰によっても検証可能な情報を具体的な数値によって提供することにある。

第 **2** 章

ポスト金融資本主義の
会計学

1
信頼性から忠実な表現

■ 会計が壊れていく

　2001年12月のエンロンの不正会計処理や翌年7月のワールドコムの経営破綻を皮切りに，金融危機が拡大していく。とりわけ，2007年後半から明らかになってきたサブプライムに端を発した金融危機とそれに続く2008年9月のリーマン・ショックが全世界を震撼させた。そればかりではなく，2019年11月末から12月にかけて発生した新型コロナは，これまでの経済構造のみならずわれわれの日常生活のあり方自体を根底から覆すほどの衝撃を与えた。

　わが世の春を謳歌してきた金融資本主義の矛盾が一気に吹き出し，市場絶対主義，あるいは英米型の株主資本主義を否定し，新しい市民社会を志向するポスト金融資本主義への動きが加速されてくるものと思われる。わが国でも近年，経済的格差や貧困による差別や犯罪や紛争によって危機感を覚え，金融資本主義に代わって本来の民主主義のあり方を説く公益資本主義とか市民主義と呼ばれる新しい経済体制を模索する提案もなされている[1]。加えて，新型コロナショックは，近世ヨーロッパを壊滅に近いほどに陥れたペストや100年前のスペイン風邪を彷彿とさせるほど，生活と経済の両面から致命的ともいえるダメージを全世界に与えている。

　こうした状況下で，当然のことながら，会計学が一部の大株主の有用性や目的適合性に適応する会計基準や概念フレームワークの設定に寄与するだけでよいのかという疑念が膨らんでくる。今こそ，特定の個人にではなく社会全体に還元できるシステムを構築することが望まれる。それこそが

　1　例えば，原［2017］，岩井［2006］，岩井［2014］があげられる。

会計の役割であり，責務なのである。会計学が今日の矛盾の膨らんだ状況を放置し，富の偏在を促進させ，経済的格差を助長する会計基準の設定にのみ関わっていくならば，信頼性を基軸に800年という悠久の時を刻んできた会計もやがて終焉を迎えることになる。

　人類は，過去に経済的不況だけに止まらず，ペストやスペイン風邪，あるいはエイズやエボラ出血熱といった恐ろしい感染症を経験してきたが，新型コロナの恐怖は，現代社会に生きるわれわれに改めて，人と人，人と生活・経済の繋がりの大切さをいやが上にも知らしめた。人が経済活動なしには生きていけないことを改めて実感させたのである。混沌とした今だからこそ，経世済民の根幹を支える会計学は，信頼性という原点回帰に思いを馳せなければならない。会計学を単なる経済体制の従属変数に留めることなく，それ自体を変革させる主要なパラメーターにしていかなければならない。

　リーマン・ショックの影響は甚大で，1990年代から始まる失われた20年がわが国を病める国へと突き落とす結果になる。この長引く不況も2009年頃から中国の経済的躍進に後押しされ，徐々に回復の兆しを見せてくる。2010年頃には株価もかなりの水準にまで戻し，これに牽引される形で世界経済も回復に向かい，徐々に企業価値をも増大させていく。しかし，回復の実感を享受できたのはごく一部の大企業やIT関連産業に過ぎず，ほとんどの中小企業にとっては，見せかけの好景気としかいいようのない状況を生み出している。金融緩和政策による「金余り現象」が一時的に投機ブームを増幅させたものの，かえってそれが金融危機の深刻さを認識させるのを遅らせる一因になったとの見方もある。また，金融政策は，市場に出回る貨幣量といった名目的な数値を増大させるが，生産や雇用といった実質的な側面での数値を改善しなければ，真の経済回復は見られない。

　しかし，多くの一般市民の感覚では，物価の上昇や消費税の増税，台風や地震による自然災害や米中の貿易戦争による経済の落ち込みで，経済回復の実感など遠い他の世界の出来事である。とりわけ，2020年7月に開催

予定であった東京オリンピックは、突然に襲ってきた新型コロナによって延期を余儀なくされ、その脅威は、あっという間に世界中に拡散し、多くの人を不安と恐怖に陥れたばかりではなく、人命までも奪うと同時に、測り知れない経済的ダメージを与えることになった。ポスト金融資本主義に向けた新たな経済体制の構築と同時に、日常生活のあり方自体をも変革させてしまうポストコロナないしはウィズコロナの世界は、どのように変わっていくのであろうか。予測計算の無意味さをいやというほど思い知らされる。

■ 内部留保の増大は人件費削除と法人税の減税

　一部の大手輸出関連企業の正社員を除くと、ほとんどの中小企業の給与所得者の実質所得は、減少ないしは伸び悩んでいるのが実情である。多くの利益を得た大企業も、「将来に備えて」というお題目のもとに、その利益の多くを内部留保に回し、従業員の給与に還元する額は、ごくわずかに過ぎない。小栗崇資は、内部留保を拡大させた要因が1990年代末から始まった非正規雇用の拡大と賃金カット、および法人税の減税の二つにあると指摘する。この内部留保の額は、1986年から2000年度にかけては52兆円だったが、2001年から2018年度にかけては149兆円と3倍近くに膨れ上がっている。この膨大な内部留保が、長引く不況のあおりを受け、設備投資ではなく金融投資や企業買収の資金に回されているという[2]。その結果、より一層ごく一部の投機家にのみに富が集中し、経済的格差による貧困や差別、犯罪や様々な争いが生じてくる。繰り返し述べているが、分配と税に関わる問題は、経済的格差を解消させるために、会計学が取り組まなければならない喫緊の課題である。小栗は、この内部留保の年間増加分に対する課税を提案している。

2　「日本経済新聞」25面経済教室、2020年3月5日朝刊。

　もちろん，企業も不慮の損害や為替リスク等に対する将来の備えが必要であるのはいうまでもない。企業の生き残りのためには，適正な内部留保の確保や従業員への分配比率の検討などもある程度は必要になってくる。もちろんそれも，適正な範囲での対応でなければならない。しかし，この適正な額をいくらに設定するかは，難しい問題である。例えば，企業の維持・継続にとって，固定費と人件費の合計額の何年分の留保が適切であるのか，考えの分かれるところである。2020年に襲った新型コロナは，長期にわたる休業や売上の激減を伴い，巨額の内部留保の正当性を裏づけることになったのかも知れない。とはいえ，極端な内部留保が検討されなければならないのは，いうまでもない[3]。

　ただ，利益処分のあり方や所得税・法人税等に関する問題は，様々な利害が交錯するため，多くの難問を抱えることになる。しかし，可能な限り迅速に取り上げていくことが必要になる。加えて，昨今では，台風や地震による自然災害，米中貿易摩擦や2020年2月1日のイギリスのEU離脱によるヨーロッパ諸国の足並みの乱れ，またごく直近では，新型コロナの拡散等が，人命的にも経済的にも全世界に衝撃的な脅威と不安を与えている。予測では計算できない事態が絶えず日常的に生起している。こうした問題に迅速に対応し，答えを出していくことこそが，経世済民の具体的計算構造を支える会計学の役割であり責務なのである。

■ 貨幣金融レジームが与える危機

　ロベール・ボワイエは，金融資本主義が英米を中心に拡大していく要因

---

3 この内部留保に関して，原は，ROE（自己資本利益率＝当期純利益÷自己資本）の観点から，次のように述べている。すなわち，投機家がROEを大きくするためには，当期純利益を大きくするか自己資本を小さくするかのどちらかである。その結果，後者をとれば，内部留保が少なく，したがってROEが大きくなるため，受け取る配当も大きくなる。そのため，一部の投機家から内部留保を少なくせよとの圧力が働くが，内部留保の削減は，必ずしも好ましいことではないと捉えている（原［2017］114-115頁）。

の一つに，製造業におけるフォーディズム，すなわち産業資本主義との乖離をあげている。このフォーディズムは，労使間の賃金の妥協による大量生産と大量消費の暗黙の了解を前提にした産業資本主義の典型として位置づけられてきた生産手段を指している。金融化された経済体制のもとでは，産業資本のもとにおける賃労働関係に代わって，貨幣金融体制が階層的に上位に立っているという。彼によると，金融資本の産業資本に対する優位性は，大企業の経営者が投資銀行である金融機関と事実上，同盟関係を結んでいるからだという[4]。

　フォーディズムの支配的な論理は，付加価値の創造にあった。しかし，金融資本主義のもとでは，利益を生み出す主要な要因は，株式市場において将来獲得するであろう利益の予想による期待値である。そのため，市場においても金融に対する期待が金融資本主義体制の維持を可能にさせることになる。なぜなら，金融資本主義は，株主資本主義と市場万能主義の二つによって支えられているからである[5]。こうした金融市場に対する利益への過度の期待が富の偏在や経済的格差による貧困や差別，犯罪や紛争を生み出す最大の要因になる。資本主義社会は，その根底に収益性の追求がある。重要なのは，何のための利益追求か，どのような利益を追求するのかという点にある。かつてヴェバーが唱えた資本主義の精神に歯車の狂いが生じて，資本が独り歩きを始めると，民主主義に支えられた理想の理念も両刃の剣になりかねない。

　大株主である投機家の企業に対する要求は，株価の値上がり益，すなわち企業価値の増大の一点に集約される。企業価値の測定にとっての問題点は，将来のキャッシュ・イン・フローに対する企業への過度あるいは無知の期待と信認にある。根拠のない期待が膨らみ過ぎるとバブルの再来を引き起こし，根拠のない信認は，資金運用者に過重の負荷を与えてしまう。

4　ボワイエ著，山田他監訳［2011］220頁。渡邉［2019］156頁。

5　原［2017］28頁。

その行きつく先は明らかで，投資額は，まるで泡沫のように消え去ってしまう。最終的な信頼は，たとえ受託責任といった言葉を用いようとも，将来キャッシュ・フロー計算のような期待や予測が入り混じった数値では決して充足されないし，また決して担保されることもない。

　2001年のエンロンの不正会計処理に端を発し，引き続くワールドコムの経営破綻やサブプライム問題に関わる金融崩壊，さらには2008年のリーマンショックによる金融資本主義の矛盾の露呈。こうした相次ぐ金融のカジノ化現象への反省が，ポスト金融資本主義として，新しい市民社会の構築に向けた経済理論の再模索を余儀なくさせている。とりわけ，2020年のコロナショックは，単に経済だけではなく生活のあり方や働き方そのものにも決定的な変革をもたらした。それに伴い，会計学もまた，単に利益の極大化に寄与する論理構築だけではなく，多くの人の心と生活を豊かにする新たな制度や基準の設定が重要になる。規制と緩和のバランスのとれた会計制度や会計基準，あるいはそれらの上位概念である概念フレームワーク，ひいてはそれを可能にさせる法律の整備や商慣習の構築が急がれる。ウィズコロナ下での会計基準のあり方である。

2

意思決定に有用な情報

■ 会計情報の非対称性と公益性

　現代会計の主要な役割が情報提供にあるのは，よく知られている通りである。決算に際して財務諸表を作成し，それを広く利害関係者に開示する。しかし，情報の提供先によってその内容も異なってくる。情報の非対称性が生じてくると，何のための情報提供であるのかが問われてくる。何より

も問題なのは，提供する側の経営者が持つ情報と提供を受ける株主に代表される利害関係者が受け取る情報に非対称性があってはならない点である。もし不完全な情報によって投資を行うことになれば，投資家は，予期せぬ損害を被ることにもなりかねない。また，株主の要求の違いによって，異なる情報が提供先ごとに開示されるようなことが生じてくれば，信頼性を確保する目的で完成した簿記会計の存在意義そのものが問われることになる。提供された情報の有用性だけではなく，市場そのものに対する信頼性も失うことになる。

　今日，会計の役割は，意思決定に有用な情報提供といわれるが，先にも引用したレブとグーの分析によると，会計にもとづく財務報告書が投資家の意思決定に与える貢献度が，1993年にはそれでもまだわずか10％程度とはいえ残していたが，2013年にはその割合はさらに低下し，当時の半分の５％程度にまで落ち込んでいるとの実証結果が出されている。それに対して，会計以外のアメリカ証券取引委員会（SEC）の提出書類との価値関連性は，27％近くにまで及んでいるとの実証研究もあわせて報告されている[6]。恐らく今日では，財務報告書が意思決定に与える有用性は，さらに小さくなっているものと思われる。

　こうした分析を考慮すると，会計の意思決定に有用な情報提供機能というのにも疑問が生じてくる。もちろん，それ故にこそ，単なる過去情報だけではなくこれから生じるであろう未来情報としての将来キャッシュ・フローに力点を置いた情報提供が重視されてきているともいえる。しかし，繰り返し述べているように，会計は，一体予測の情報を提供するためのものではない。あくまでも事実にもとづく信頼に足る情報の提供である。

　もちろん，こうした会計情報だけでは，投資家の投資意思決定や経営者の経営判断にとって，必ずしも十分に有用な情報とはいえない。こうした要求に応えていくのは，管理会計や経営学の役割である。財務会計は，あ

6　レブ，グー共著，伊藤監訳［2018］70-71頁。渡邊［2019］158頁。

くまでも事実を事実として情報提供していくのが役割である。意思決定有
用性のための情報提供は，経営学や管理会計に任せるべきものである。財
務会計における時価情報は，現実に完了した取引時点の市場価値であって，
まだ取引が完了していない単に保有しているだけの資産を時価評価するも
のではない。いわんや，市場のない資産の将来キャッシュ・フローによる
評価は，信頼性を根幹にする財務会計がとるべき測定基準ではない。こう
した資産の評価は，取得原価が好ましい。

■ 財務情報と投資の価値関連性

　レブとグーの実証分析のように，近年，会計学の投資意思決定への情報
提供機能の有用性に疑念を投げかける主張が散見されるようになる。しか
しながら，財務情報と投資との価値関連性の低下が実証研究の観点からも
論ぜられているのはすでに述べた通りである。会計情報は，あくまでも投
資意思決定に有用な情報の一部に過ぎない。現実にある特定の企業に投資
するか否かの判断は，会計情報以外の様々な情報に依拠する方が多いのは，
いうまでもない。例えば，先にも述べたがG7首脳の政権交代やイギリス
のEUからの離脱，あるいは民族や宗教の軋轢による地域紛争といった政
治情報，天候の変動による水害や地震といった自然情報，新薬や新技術の
発明，あるいは思いもよらない病原菌や新型コロナによるパンデミックと
いった，経済情報とは直接的には無関係な情報等々である。会計の財務情
報とは直接的には関わりのない事象で投資決定がなされるのがむしろ一般
的である。

　また，資本市場にはつきものであるが，経営者とアナリストや情報の利
用者の間にある情報格差や非対称性は，決して解消されることはない。な
ぜなら，どのように洗練された投機家やアナリストといえども，決して経
営者ほど企業秘密に関わる内部情報を手に入れることは，極めて難しいか
らである。最も重要ともいえる経営内部の情報なしに意思決定していくこ

とのリスクもまた，当然のことながら考慮に入れておかなければならない。

　こうした状況下で，会計は，株主や社会に対して如何なる役割を果たすことができるのであろうか。重要なのは，利用者にとって都合の良い，利用者が有用だとして要求する情報のみを提供するのではなく，誰もが納得できる事実に即した情報を提供することである。有用性というのは，個人や企業や国それぞれによって異なるため，広く一般社会から承認された会計情報として開示する手法としては，意思決定有用性アプローチは，相応しい概念とはいえない。適切なのは，信頼性である。著者は，それを「開示情報信頼性アプローチ」と名づけた。具体的な内容は，終章の図表2を参照されたい。客観的な情報開示であれば，有用か否かは問題ではなく，誰もが納得できるか否かにかかってくる。

　会計における真の意味での有用性は，単純に特定の利用者に有用な情報を提供することではない。あくまでも日々の取引事実にもとづく正確で客観的で検証可能な信頼できる情報を提供することにある。会計情報の有用性は，特定の個人にとって利用価値があるかないかの問題ではない。もっと大きな，社会性を帯びた観点から見ていかなければならない。会計の役割は，たとえある特定の利用者が期待する情報でなくても，事実にもとづく正確で誰からも信頼でき，透明性の担保された財務情報を提供することにある。そこに会計の社会性と公益性があり，それ故にこそ会計は，800年という途方もない歳月にわたって，企業を支え，経済を支え続けることができたのである。決して大株主が要求する目先の有用性に惑わされてはならない。誰からも信頼される情報は，必ずや誰にとっても有用になるはずである。情報とは，役に立つから有用なのではなく，信頼できるから有用になるのである。

■ 管理会計の誕生が予測計算を導入

　国際財務報告基準（IFRS）は，取得原価による当期純利益と公正価値に

よる包括利益の両建表示を提示しているが，先に述べたように財務報告書が投資家の意思決定に与える貢献度が5％程度しかないのであれば，何もハイブリッド方式で利益を2本立てで表示する必要性が，必ずしもないのではなかろうか。脚注で示せば済む話である。公的な色彩を帯びる財務会計は，事実にもとづく，責任の持てる情報のみを提供すればよいだけのことである。二元的利益表示によってかえって投資家の判断に迷いを生じさせるような情報提供は，外部報告会計としての財務会計の役割ではない。そうした期待の入り混じった予測情報は，内部報告会計としての管理会計に委ねるべきである。公正価値にもとづく財務諸表は，見積貸借対照表と見積損益計算書（見積包括利益計算書）と題して，内部報告資料に止めるべきであろう。

　人は，AとBの二つの案を示されると，つい期待値の大きい方に引き寄せられる傾向が強い。もちろん，絶えず慎重に安全の方を選択する人もいるが，そうした人は当初から先物や為替リスクの高い投資などという金融商品には，手を出さないであろう。このように捉えていけば，たとえ連結財務諸表を前提にした議論であるとはいえ，ハイブリッドな利益情報の提供は，判断に迷いを与えるだけで，本来避けるべきである。会計は，事実にもとづく客観的で信頼できる情報を提供するだけで十分である。

　19世紀の巨大な株式会社の出現に伴い，外部の投資家の意思決定に有用な情報提供という役割が複式簿記に付加されて，会計学，厳密には財務会計が登場し，それとほぼ時を同じくして，新たに経営者の意思決定に有用な情報提供という役割を担って管理会計も形成される。産業革命期にそれまでの単なる原価の計算が複式簿記システムと結合して工業簿記を完成させ，やがて原価計算へと発展していく。イギリスで形成された原価計算は，アメリカに渡り，フォーディズムと融合する過程で標準原価計算や直接原価計算を生み出すと同時に，管理会計をも誕生させていく。

　この管理会計における将来の予測計算が財務会計の領域に持ち込まれ，その情報提供機能に大きな影響を及ぼすことになる。管理会計における情

報は，あくまでも私的な内部報告のための情報であり，そこに期待値が含まれた予測情報であったとしても，何ら問題はない。しかし，外部への開示というある種公的な色彩を帯びる財務会計における情報には，予測や期待が含まれた不確定な情報であってはならない。財務会計における情報提供と管理会計における情報提供とは，区分して考えなければならない。

公正価値の見積と減価償却の相異

しかし，FASBやIASBで見られる公的な財務会計への見積計算の導入は，公正価値会計に限られたものではなく，すでに取得原価主義会計においても行われてきた。貸倒引当金，減価償却，棚卸評価損，製品保証引当金等々の計上がそれに該当する。その結果，見積額の設定如何によっては，利益額にも大きな差が生じてくる。

では，取得原価主義会計のもとでは，こうした見積計算によって損益計算の信頼性が失われたのであろうか。必ずしもそうといい切ることはできない。なぜなら，予測計算におけるリスクを最小限にするため，貸倒れの繰入限度額を設定したり，償却性資産の耐用年数を法律で定めたり，低価法という会計処理法の理論的整備を行い，税法や会社法といった法律や金融商品に関する様々な会計基準や規定を設けて，会計処理に信頼を勝ち取る努力してきたからである。また，貸倒損失の計上は，1211年の複式簿記による最古の勘定記録にすでに見出せるところであるが，貸付時に貸倒損失を想定して

最古の勘定記録：第1葉表頁

保証人を立てている点などを考慮に入れると[7]，そうした不測の事態に備えての対応が，かえって簿記に信頼性を付与していたともいえるのではなかろうか。この最古の勘定記録は，現在フィレンツェのメディチ・ロレン

木版刷りの聖書（メディチ・ロレンチアーノ図書館）

チアーノ図書館に保管されている。

　またそこに展示されている本の中には，文字が読めない人たちのために，神の教えを絵で説いている多くの美しいカラーの木版刷りの聖書が展示されている。

　何よりも，取得原価主義会計における見積額は，過去の経験的な数値から割り出された具体的な金額であり，決して公正価値会計における現実に市場に存在しない資産の将来キャッシュ・フローの割引現在価値といった予測値と同一に論じることはできない。こうした取得原価主義会計における見積額は，未来の予測によって求められた単なる推定金額ではないという点が重要である。過去の慣習によって公正妥当と認められた計算と予測と期待による計算とでは，両者の間に大きな差異がある。過去の経験則から導き出される数値と期待の入り混じった予測値との違いである。その結果，そこで計算された数値に対する信頼性にもまた，大きな違いが生じてくる。

7　渡邉［2017］15-16頁。

■トリクルダウン仮説の幻想

　産業資本主義に代わって登場した金融資本主義による経済体制のもとで，様々な矛盾が噴き出してきた。富の偏在がトリクルダウン仮説の幻想によって経済的格差を増幅し，貧困による分断が飢餓や差別ひいては犯罪の原因となり，自分だけが，自国だけが良ければといった利己主義が世界の各地に蔓延し，多発する地域間の紛争やテロの原因にもなっている。富める者が豊かになると貧しき者にも富が行きわたることなど所詮幻想に過ぎず，単に経済的格差を一層拡大させるだけのことである。

　トランプ政権の自国第一主義や今般のイギリスのEU離脱，あるいはヨーロッパ各国における超保守主義勢力の台頭や一部の国に見られる行き過ぎた覇権主義は，紛争や分断，対立や偏見の大きな要因になっている。第2次世界大戦後，二度とこうした悲劇を繰り返さないために結ばれたはずのEUが，イギリスの離脱によって，まさに崩壊の危機に直面している。こうした状況下で，会計学は，どのような役割を果たすことができるのであろうか。富の一極集中による貧富の差の拡大，貧困による差別や犯罪あるいは紛争の横行に，たとえ間接的にせよ国際化という名のもとで現行の会計制度や会計基準が関与しているのであれば，会計学のあり方，存在意義それ自体が問われることになる。そのような国際会計基準の普及には，どう間違っても関わらないことこそが，会計に携わる者の矜持ではなかろうか。

　今必要なのは，歴史に立ち返ることである。会計誕生の原点に立ち返って，会計の損益計算構造を支える複式簿記が会計記録の信頼性を確保するために完成した技法であるという歴史的事実を思い返すことである。計算の現実性，合理性，客観性，透明性，信頼性等々を手に入れるために完成したのが会計の損益計算構造を支える複式簿記であるということを。このことを今一度胸に焼きつけてもらいたい。将来の予測計算では，決してその結果に責任を持つことなどできない相談である。ヘッジファンドといっ

た様々な手法で，富の一極集中が加速され，本来の資本主義が金融資本主義の名のもとに大きく変容し，社会を瓦解へと導いている。自由と民主を前提にした社会を壊さないためにも，経世済民を支える会計学は，経済的格差を助長させない基準や制度あるいは法律の改変や整備に腐心することが望まれる。

3 信頼できる会計情報

■有用性と信頼性

　歴史が教えてくれる会計ならびにその損益計算構造を支える複式簿記の原点は，繰り返し述べてきたが，信頼性にある。実地棚卸で求めた利益を事実にもとづく継続的な取引記録，すなわち複式簿記で計算した利益によって検証する。こうして求めた利益情報を株式会社の登場までは無機能資本家や組合員に，19世紀に入ってからは一般の株主に提供し，利益の分配を行ってきた。客観的でいつでも誰によっても検証可能な透明性が担保された損益情報の提供である。

　ただ，複式簿記の第一義的機能は，正確な日々の取引記録にもとづく損益計算にある。情報提供機能は，主として会計学の役割である。会計学は，19世紀に誕生する巨大な株式

プラトー記録保管所の入口

会社の資金調達のために，貸借対照表と損益計算書を作成し，投資の安全性と有利性を強調する手法として生成する。しかし，生成当初の複式簿記の役割は，財務情報を提供すること自体にあるのではなく，あくまでも正確な損益計算にある。そうして求めた信頼できる正確な利益を組合員相互間で共有し，互いに納得の上で利益の分配にあたってきた。しかも，そこで提供される利益情報が利用者にとって有用か否かは，二の次であった。あくまでも，その情報が信頼できる客観的な事実にもとづいて作成された情報であるか否かが重要であった。結果的には，信頼できる情報であるからこそ，それが有用になるだけのことである。換言すれば，情報は，有用だから信頼できるのではなく，信頼できるからこそ有用なのである。これが会計の原点である。

　ポスト金融資本主義を志向する会計のもとでは，会計の第一義的な役割が情報提供だとしても，提供する情報の質をしっかりと担保することが重要になる。たとえそれが大株主からの要求であり，彼らにとって有用な情報であったとしても，外部報告会計として公的な性質を持つ財務会計がとらなければならない立ち位置は，事実にもとづく客観的で検証可能な信頼できる財務情報の提供にある。決して予測にもとづく不確実で不透明な情報提供であってはならない。近年，このしごく当然の摂理が有用性という名のもとに崩れ去ってきている。投機家が要求する企業価値情報は，決して会計が志向する財務情報と同質性を有しているわけではない。会計の根幹は，あくまでも事実にもとづく信頼できる財務情報の提供である。決してバラ色に彩られた期待される予測情報ではないことを肝に銘じる必要がある。外部公表会計としてのある種の公的な側面を有する財務会計が最初に行うことは，有用であればそれでいいという風潮を払拭することである。

■ 資本主義の精神と会計の役割

　13〜15世紀に繁栄を極める商業資本主義は，貨幣経済の浸透に伴って中

世における封建的主従関係を崩壊させ，会計学の損益計算構造を支える複式簿記を誕生させることになる。債権債務の備忘録として誕生した複式簿記は，百数十年の時を経て，企業の総括損益を計算する技法として完成を見る。天動説や錬金術がまだ真しやかに論じられていた時代に，すでに一科学としての理論的な組織体系を備えた損益計算技法として完成していたのである。経済学の父といわれるアダム・スミスの『国富論』(1776) に先立つこと遥か500年以上も前のことである。

　ルネサンス前夜に誕生した複式簿記は，人間の際限なき欲望を具現する利益を原因と結果の二つの側面から捉える技法として誕生し，百数十年の時を経て完成する。この人間の際限のない利益追求という欲望に歯止めをかけるのもまた，会計の役割であり責務である。この責務を果たすのは，人としての倫理観なのかも知れない。たしかに，倫理の問題は，経済学や哲学においても古くから語り継がれてきた重要な課題であり，収益性の追求を中心に置く資本主義社会の根幹を支える経済学や会計学にとっては，避けて通ることができない問題である。

　資本主義の精神は，後でも述べるが，ヴェーバーの説くようにプロテスタンティズムの精神に支えられた勤勉や禁欲といった倫理観にもとづく科学的合理主義によって生成してきた[8]。何よりも重要なのは，一定の倫理観にもとづいた利潤の追求を肯定しているところにある。なぜなら，多くの利益は，貧困に喘ぐ多くの人を救うことができるからである。まさに近江商人の「世間よし」の精神と相通じるところである。しかし，一歩間違えると，この利益追求の精神が富の偏在に拍車をかけ，貧困や差別や犯罪となって牙をむいてわれわれに襲いかかってくることがある。まさに両刃の剣である。

　そうした状況に陥らないためには，行き過ぎた行為を単に個人の意思や倫理観に委ねるだけではなく，法律や制度や基準によって監視することが

---

8 ヴェーバー著，大塚訳 [1989] 38-94頁。

必要になる。しかし，もしこの法律や制度や基準が，結果的に富の偏在による経済的格差を引き起こし，様々な差別や分断や紛争に手を貸し，社会的な矛盾を増幅させる要因になっているのであれば，今一度自分自身の立ち位置を自覚することが求められる。そうした一切の自覚なしに，法律や制度にのっとった研究であれば，自らの研究が社会に貢献しているという錯覚を生じさせてしまう。偏った会計学が社会に貢献しているという錯覚である。良かれと思った自己の研究が，結果的には，社会的矛盾を増幅させる法律や制度や基準設定に関わっているとすれば，これほど矛盾したことはない。それ故にこそ，会計学に限らず社会科学はすべて，不毛な制度や基準の設定を許さない，利己的な行為を断ち切るシステムを制度化させることに絶えず注意を向けていなければならない。個人の倫理観にのみ依存するには当然のことながら限界がある。

■ 会計学の役割と責務

　多発する企業ぐるみの粉飾や個人の横領も，当事者にとっては，不正であることを重々承知した上での行為である。いわば確信犯なのである。そうした人たちに，いくら不正行為が企業倫理や社会倫理に反する行為であると声を大にして説いたとしても，あまり意味はない。そのため，そうした不正行為ができないようなシステム作りが先決になる。本来，民主主義というのは，国の規制ではなく個の力によってルールを作り，社会を動かしていくのが本来の姿であるが，それには限界がある。とりわけ，近年のSNSで見られる，ネット上で飛び交う歪んだ民意による印象操作によって民主主義が動かされているとすれば，誰がこうした「バグ」を修正できるというのであろうか。今まさに，自由と平和を第1とする民主主義の根幹が問われている。残念ながら，法や制度といった強制力のある大きな力で規制せざるを得ない場合も生じてくる。

　こうした規制が一部の人にとってのみ有用な会計制度や会計基準ではな

く，多くの人を幸せにできる基準や制度の整備に寄与することが何にもまして肝要である。適正なシステム作りをするのが会計学の本来の役割であり責務である。この責務を果たすために最初にしなければならないのが，現状を生み出している背景を分析し，どこに矛盾の根幹があるかを明らかにし，広く開示することである。社会からの指摘を受け，歴史に遡って本来の役割が何であったかを思い返すことである。歴史的視点に立ち，病巣をあぶり出す作業を通して初めて，新たな処方箋を見つけることが可能になる。

　会計不正の問題は，エンロン（2001）やワールドコム（2002）に限らず，わが国においても数多くの会計不祥事が新聞紙上を賑わしてきた。古くは山陽特殊製鋼（1965），山一證券（1997），21世紀を迎えてもライブドア（2006）にオリンパス（2011），極めつけは東芝（2016）の粉飾である。その他にも，食品の成分偽装や産地偽装，汚職や闇献金といった会計を利用した企業犯罪が数多く摘発されている[9]。しかし，厄介なのは，こうした企業犯罪に手を染めている当事者たちは，皆自らの不正を承知した上での確信犯だということである。分かった上で手を染めてしまう。この点が会計倫理の難しいところである。いくら粉飾や不正の是正を説いたとしても，彼らは，自らの反社会的な行為を重々承知しているのである。そうした人たちにいくら倫理の必要性を説いたとしても，その効果を期待するのは難しい。

　不正な行為に歯止めをかけるのは，提供する情報の透明性と検証可能性を何らかの手段によって担保することである。それが信頼であり，その信頼性を支えるのが法律であり慣習である。信頼できる情報であるからこそ有用になり，その情報が制度化された商法や会社法，さらには会計基準や概念フレームワークに組み込まれて，初めて有益になるのである。こうした多くの人や社会を根底から支え，信頼に値する制度や基準を作成するの

9　渡邉［2017］192-193頁。

が，会計学の本来の役割であり責務なのである。今一度，会計に信頼性を取り戻すことを急がなければならない。会計が，世界が壊れてしまう前に。

4 歴史から学ぶ意義

■会計の進化と変容

　複式簿記は，13世紀初めのイタリア北方諸都市で公正証書に代わる文書証拠として発生し，百数十年の時を経て，実地棚卸で求めた利益を継続的な記録で検証することによって完成する。この複式簿記の発生当初の役割は，すでに『会計の歴史探訪—過去から未来へのメッセージ』(同文舘出版)

神への誓いを記したグレシャムの帳簿

や『会計学の誕生—複式簿記が変えた世界』（岩波新書）等で明らかにしてきたが，ここで簡単に再確認しておきたい。

　会計の計算構造を支えてきた複式簿記は，13世紀初めのイタリア北方諸都市で，債権債務の備忘録として誕生する。発生当初は，諍いが生じた時に公正証書に代わって取引内容を検証する文書証拠として用いられた。しかし，トラブルに備えてすべての取引に公正証書を交わすには，あまりにも時間と手間とコストがかかり過ぎる。そこで代役として用いられたのが，日々の取

引を細大漏らさず正確に記録した複式簿記による帳簿記録であった。そのため，この帳簿に記帳されている内容が公正証書と同様信頼に値するものであることを証明することが求められた。そこで考え出されたのが，キリストの助けを借りることであった。帳簿の冒頭に十字架を書き，神への誓いの文言を記したのである[10]。

こうして文書証拠として誕生した複式簿記は，当時のヴェネツィアのような血族によって結成された家族組合を否定したフィレンツェで誕生する期間組合の登場とともに，遅くとも14世紀半ばまでには，組合員相互間での利益

ヴェネツィア商人アンドレア・バルバリゴの仕訳帳（1430-1440）

分配の用具として，発生当初から内在させていた本来の損益計算機能を顕現化させていくことになる。複式簿記の完成である。これは，ビランチオで求めた実地棚卸による利益と損益勘定で計算した帳簿記録による利益の一致をもって確認されている。具体的には，フィレンツェの商人コルビッチ商会の朱帳C（1333-1338）やダティーニ商会バルセロナ支店の帳簿（1366-1411）をもって，複式簿記の完成と見なしている[11]。

16世紀末から17世紀を迎えたフランドルやオランダでは，多くの新教徒によってプロテスタンティズムの精神を支える勤勉さや誠実さ，あるいは

---

10 この写真は，「悪貨は良貨を駆逐する」で知られるトーマス・グレシャム（1519-1579）の帳簿で，すでに渡邉［2014］33頁、および渡邉［2019］序章タイトル頁に掲載済である。そこには，「1546年4月26日，神の名においてアーメン」の文言と同時に十字架が記帳されているのを読み取ることができる。

11 渡邉［2017］47-51頁。

信用や経済倫理（世俗内的禁欲）という経済的合理主義が浸透し，資本主義の基盤が徐々に形成されてくる[12]。それに伴い，複式簿記も大きく近代化の方向に舵を切ることになる。さらに18世紀後半に至ると，当時のイギリスでは，産業革命の進行によってより厳密な損益計算が要求され，巨大な株式会社の出現によって減価償却や原価計算といった新たな合理的システムを次々と誕生させていく。こうして形成された損益計算技法は，石炭や鉄道や製鉄といった新興の巨額の資本を要する株式会社にとっては，欠かすことのできない手法になる。

19世紀の産業資本中心の社会では，競争に打ち勝ち生き残っていくために，厳密な原価計算に支えられた損益計算が必須の条件になる。加えて，巨額の資本調達を可能にさせるためには，投資の安全性と有利性を強調し，投資を誘引するための情報提供が欠かすことのできない事案になる。こうして，貸借対照表や損益計算書が法的にも整備されていく。また，19世紀の半ばには，キャッシュ・フロー計算書の萌芽である比較貸借対照表も登場してくる[13]。

なお，財務諸表も複式簿記の誕生とともにすでに存在していたと思われがちであるが，貸借対照表の最も初期の事例は，17世紀後半に見出される。それに対して，近代的な貸借対照表の萌芽は，すぐ後で述べるように，18世紀末に残高帳として登場する。今日のような近代的な貸借対照表や損益計算書の生成は，19世紀まで待たなければならない。

■ 情報提供機能の真のあり方

しかし，21世紀を目前に，これまでの産業資本中心の社会は，金融資本中心の社会へと大きく変容していく。それに伴い，会計の中心的な役割も

---

12 渡邉［2019］127頁。

13 渡邉［2005］第10章参照。

また過去1年ないしは半年間の現実に配当可能な実現利益の計算から，将来に獲得するであろうキャッシュ・イン・フローを想定した投資意思決定に有用な情報の提供へと変容していく。大資本を有する一部の投機家にとっての有用な情報は，取得原価にもとづく過去の利益情報よりも，公正価値にもとづくこれからの未来情報にある。しかし，多くの一般の株主にとって，投資は，賭け事ではない。自己の保有する資金を安全に投資し，その運用益でささやかな充足を得ようというだけのことである。投資に大きなリスクを伴う不確実な予測情報は，不要である。そればかりか，適正な判断を誤らせる障害にさえなりかねない。

　現実に発生した取引にもとづいて，事実によって検証される信頼性を第一として生成し，進化してきた会計ではあったが，金融資本主義の台頭とともに，大株主の要望に添う情報が優先され，信頼性や検証可能性に代わって有用性や目的適合性が前面に押し出されてくる。今日の経済レジームを席巻する株主資本主義とか市場万能主義といった，お金が支配する金融資本主義誕生の前兆である。過去の事実計算ではなく，将来の予測計算を重視する傾向が徐々に強くなってくる。いわば，財務会計の管理会計化である。その結果，会計は，同じく投資家のためといいながらも，多くの一般の株主のためではなく，ごく一部の大株主としての投機家のための情報提供にその役割を転換させていく。信頼性は片隅に追いやられ，有用性偏重から生じてくる様々な矛盾が単に会計や経済の分野だけに止まらず，われわれの生活や存在そのものに関わるところにまでも影響を及ぼすようになってきた。

　こうした状況下で，会計学は，如何なる役割を果たし，責務を負わなければならないのか。また，われわれ会計に携わる者は，どのような役割を果たし，どのような自覚と責任を持って社会に向き合っていかなければならないのか，会計の持つ情報提供機能にどのような責務を持って対峙していかなければならないかを，以下でしっかりと見ていくことにする。

■備忘録の中にもすでに損益機能が潜在

　債権債務の備忘録として誕生した複式簿記ではあったが，そこでの記録は，単なる取引のメモとしてつけられていたわけでない。トラブルが生じたときの文書証拠としての役割を果たす目的で記帳されていた。取引を巡って諍いが生じたとき，複式簿記による帳簿記録が公正証書に代わって証拠書類として裁判所に提出された。この証拠書類に損益計算機能が付加されるのが，遅くとも14世紀の前半である。神の力を借り，虚偽や不正がないことが担保された取引記録によって企業の総括損益が計算される。

　日々の取引記録にもとづく信頼できる損益計算，これこそが歴史が教えてくれる複式簿記の根源的な役割なのである。取引に関わるすべての人から信頼を得るためには，事実にもとづく透明性が確保された記録が前提になる。客観的で誰にでも検証可能な正確な記録によって現実に手にすることのできる実現損益の計算を行うのが会計の役割であり，その記録の開示に伴う信頼性を担保することが会計の責務である。

　公正証書の代わりとして発生した複式簿記は，フィレンツェで誕生した他人と組んで経営を行う期間組合の登場によって，組合員相互間での利益分配の必要性から，それまで潜在化していた損益計算機能を第一義的な役割に押し上げていく。この期間組合の出現が複式簿記の本質である損益計算を生み出した直接的な引き金になる。その具体的な事例は，14世紀前半のコルビッチ商会の帳簿（1333-1338）やダティーニ商会バルセロナ支

ダティーニ銀行の業務（プラトートーのディーニ記念館）

店の帳簿（1366-1411）に見出せる[14]。

　もちろん，誕生当初からフィレンツェの商人たちは，利益分配の必要性を認識していたが，当時は今日のようにパソコンや電卓があったわけではなく，また度重なる通貨の改鋳や複雑な度量衡，あるいは当時の教育の普及率の低さなどにより，複雑な日々の取引記録から正確に損益を算定することは，極めて難しかったものと思われる。そのため，複式簿記による記録とは別に，実地棚卸によって利益を求めていただけのことである。債権債務の備忘録ないしは文書証拠として誕生した複式簿記ではあったが，発生当初から簿記の本質である損益計算機能を内在化させていたのは明白である。決して，単に金銭や資産の増減を記録したメモに過ぎなかったわけではない。

財務諸表の萌芽と生成

　16世紀後半から17世紀を迎えると，世界の覇権は，イタリアからフランドル地方やオランダに移り，今日の会計処理法に近い記帳手続が次々と創意工夫され，実務の中に定着していく。さらに，18世紀後半から起こる産業革命の遂行過程で，新興株式会社は，資金調達の必要性から，会計学の本質ともいえる情報提供のための技法を次々と創案していく。財務諸表の出現である。

　相次いで設立される巨大な株式会社は，資金を誘引するために，当該企業への投資が如何に有利で安全であるかを情報発信する必要に迫られる。その方策として，安全性を提示する指標としての貸借対照表と市場金利よりも有利性を示す損益計算書の開示が制度化へと向かうことになる。この二つの報告資料に虚偽がないことを証明するために，一方では会計の専門家による財務諸表の監査制度を誕生させ，他方では会社法を新たに制定す

---

14 Alvaro［1974b］pp.590-613. 泉谷［1997］142-148頁。渡邉［2017］38-48頁。

ることによって財務資料による情報開示の信頼性を担保し，国をあげて民間からの投資を積極的に後押ししていった。

近代的な貸借対照表の作成は，1844年に制定されたイギリスの登記法（会社法）で初めて義務づけられることになる。ただし，1844年登記法での貸借対照表の形式は，まだ任意規定であったため，当初はいろんな様式が存在していた。そのため，各社の比較が難しく，統一的な比較可能性を担保する必要に迫られた。この要請に応えて統一的な貸借対照表の具体的な雛形を提示したのが，1856年会社法であった[15]。

ただし，損益計算書の作成が正式に義務づけられるのは，貸借対照表よりかなり遅れた1929年会社法まで待たなければならない。もちろん，実質的には損益計算書にあたる収支計算書（収益勘定表）が1856年有限責任法第70条で年1回ないしは半年に1回の株主総会への提出が義務づけられ，貸借対照表とほぼ時を同じくして作成されている。ただ，法制史上で損益計算書の作成が80年を超えて遅れたのは，後で述べるように，損益計算書に含まれる機密情報の開示に大きな抵抗があったからといわれている[16]。そのため，初期の段階では極めて簡略化された内容で，時として貸借対照表と一緒に1枚の紙で開示されることもあった。

ここに至り，会計学の情報提供機能の根幹をなす財務諸表が実質的にも形式的にも登場することになる[17]。なお，キャッシュ・フロー計算書の萌芽である比較貸借対照表も遅くとも19世紀半ばには登場する。もっとも，法律によってその作成が義務づけられるのは，20世紀も末になってからのことである[18]。

---

15 会社法における貸借対照表規定に関しては，渡邉［1993］第4章，渡邉［2017］105-109頁を参照。またそのひな型については，渡邉［2017］107頁を参照。

16 山浦［1993］162-163頁。

17 損益計算書規定に関しては，渡邉［1993］第5章，渡邉［2017］109-116頁を参照。

18 キャッシュ・フロー計算書の生成過程については，渡邉［2005］第9章〜第12章で詳細に分析しているので，そちらを参照されたい。

■ 貸借対照表の萌芽

今日の貸借対照表は，すでに17世紀後半のイギリス東インド会社やイングランド銀行に見出せるが，近代的な貸借対照表の萌芽は，1750年にグラスゴーで設立された織物製

グラスゴー大学のアーカイブスの書庫

造会社フィンレイ商会の1789年から1935年にわたる残高勘定だけを 1 冊の帳簿に集めた残高帳^バランス・ブック に求めることができる[19]。この残高帳には，1789年 2 月10日から1790年 2 月 1 日までの決算残高勘定だけが 1 冊に集められ，1790年 2 月 9 日付で作成されている。イタリア式簿記では見られない帳簿である。残高帳に書き写された残高勘定は，元帳から転記されたものなので，転記にあたってその内容に誤りがないことを証明する必要があった。そこで記帳責任者と執行役員のサインが記入され，残高帳における残高勘定が元帳の内容と違いがないことを証明している。

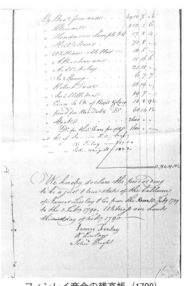

フィンレイ商会の残高帳（1790）

19　Glasgow University Archives ed. UGD91, p.59. Moss ［1984］ p.360. 渡邉 ［1993］
82頁「図表 2 」を参照。

ここでも，会計記録にとって記帳内容の信頼性を担保することの重要性を，記帳の責任者や経営者がしっかりと認識していたことが窺える。そして，最後に1年間の当期の純利益とともに組合員への分配額が記帳されている。これに類する帳簿は，これまでのイタリア式簿記に見出すことはできず，利益の表示と責任者の証明のためのサインがなされているのが決算残高勘定と異なるところである。フィンレイ商会の残高帳は，まさしくイギリスで独自に考案された外部の利害関係者への報告のための財務表であり，まぎれもなく近代的な財務報告のための貸借対照表の萌芽と位置づけることができる。

　18世紀末から19世紀前半にかけて，損益計算のための記帳技法としての複式簿記は，企業の全般的な財務情報を提供するための会計学へと進化していく。投資誘因として，安全性の担保のために貸借対照表が，有利性の証明として損益計算書が作成され，会計学は，組合員相互間での分配のための利益を確認する技法から新興株主への投資意思決定に有用な損益情報の提供へと大きくその役割を変えていくことになる。損益計算から情報提供への役割転換である。今日の会計学の根幹である意思決定有用性アプローチの素地が出来上がってきたといえよう。

第 **3** 章

会計学に課せられた
役割

1

伝統的会計と現代会計の利益観の相異

■ 測定基準の相異と会計目的

　会計とは，一般に経済事象を認識し，測定し，伝達するプロセスといわれている。日々生起する様々な経済事象の中から会計上の取引だけを識別して記録し，その記録にもとづいて選別された特定の測定手段によって利益を計算し，その利益情報を利害関係者に開示する一連のプロセスを指している。なかでも，最後の利害関係者への情報提供機能が会計学の中心的な役割といえる。会計学は，まさしくアカウンティング，すなわち財務情報を広く利害関係者に「説明する行為」なのである。

　会計が提供する財務情報の中心が企業利益であることには，誰も異論はない。問題は，この利益をどのような測定手段によって求めるかにある。分かりやすくいえば，利益の大きさをどのような物差しで測るかである。センチで測るのかインチなのか，それとも尺で測るのかによって物の大きさを示す数値に大きな違いが出てくる。会計の利益計算構造を支える複式簿記は，その完成以来800年もの間，取得原価という物差しで利益を測定してきた。しかし近年，国際基準やアメリカ基準では，将来に獲得すると予測されるキャッシュ・イン・フローを中心に据えた公正価値という物差しで利益を計算するように変わってきた。

　これまでの伝統的な損益計算の方法では，金融資本主義のもとでの大株主である投資ファンドに代表される投機家たちの欲求を満足させることが難しくなってきた。今日の株主資本主義ともいわれる経済体制のもとでは，会計の目的は，投資家の意思決定に有用な情報を提供することにある。しかも，経営陣の人事にも影響力を持つ大株主の投機家や投資ファンドは，長期にわたり企業の安定的な成長を期待して投資するのではなく，極めて

短期の株価の変動によって利益を獲得するのが主たる目的である。そうした投機家の目的に沿った測定基準は，必然的に取得原価ではなく公正価値になる。

　もちろん，取得原価も公正価値もその根底にあるのが損益計算であるのに変わりはない。ただそこには，保有している有価証券の取得価格と時価との差額や海外子会社の為替相場の変動による資産価値の増減部分を示すその他の包括利益（OCI）の取り扱いについての処理の違いがある。公正価値会計を前提にする国際会計基準やアメリカ基準では，利益の算定は，保有する資産の現在価値の評価が中心になる。すなわち，前期と今期の純資産の増減比較によって算定されるのである。そのため，保有資産の評価差額も当期の損益として認識される。現在の資産価値を重視する，必然的に損益計算書を中心にしたフロー計算よりも貸借対照表によるストック計算が中心になる。貸借対照表における資産の価値を公正価値によって求め，前期と比較してその増加分をもって利益と見なす。これが国際会計基準審議会（IASB）やアメリカの財務会計基準審議会（FASB）の主張する資産負債アプローチ（資産負債観）といわれる利益計算の手法である。

■ 信頼は予測利益ではなく実現利益で

　市場価値と将来キャッシュ・フローを基軸に据えた公正価値会計のもとでは，従来の収益費用アプローチ（収益費用観）によるフローの側面からの収益費用の変動差額計算では対応することができず，必然的に資産負債アプローチ（資産負債観）によるストックの側面からの資産負債の増減比較計算に依拠せざるを得なくなる。

　もちろん，国際会計基準も単に資産の時価評価差額等による未実現利益を含んだ包括利益を表示するだけではなく，これまで伝統的に用いてきた当期純利益もあわせて表示する混合測定会計と呼ばれる方式を採用している。しかし，基本は，包括利益（当期純利益＋OCI）の計算である。もし

資産負債の時価評価による差額計算のみで利益を求めるのであれば，日々の継続的な記録を前提にする複式簿記は，もはや不要になる。13～14世紀のイタリアでビランチオ（利益処分結合財産目録）によって利益を求めた時代に遡るのであろうか。それでは，資産の時価評価だけで求める利益の正しさは，どのようにして検証されるのであろうか。当時のイタリア商人たちと同様，やはり損益勘定に依拠するのであろうか。

　歴史に立ち返り，複式簿記を完成に導いたときの状況を思い出して欲しい。帳簿記録にもとづく継続記録で利益を計算することがまだできなかった時代では，共同経営者としての組合員に分配するための利益は，実地棚卸によってビランチオを作成して求めていた。しかし，そうして求めた利益に疑念が生じたとき，何らかの方法でその利益の正しさを検証する必要に迫られる。その検証方法として用いられたのが，日々の取引の正確な継続記録によって作成された損益勘定である。損益勘定の利益によって実地棚卸で求めた利益を検証したのであった。いわば，資産負債アプローチで求めた利益を収益費用アプローチで求めた利益によって検証したのである。これこそが会計の損益計算構造を支える複式簿記の完成であり，原点である。この一連のプロセスは，収益費用アプローチで求めた利益こそが信頼できる利益であることを，そして信頼こそが複式簿記の原点であることを明瞭に物語っている。歴史が教えてくれるところである。

■ 情報の信頼性の低下

　ごく単純にいえば，資産負債アプローチという利益観は，資産の現在価値から負債を控除して純資産額を求め，それを前期と比較して利益を求める方法である。その際，資産の額は，市場価値か市場がないものについては将来キャッシュ・フローを推定してそれに利子率の差を推定して現在価値に割り引き，利益を求める。いわば，二重の推定計算によって求められるのが包括利益である。しかし，たとえどんなに厳密な計算式によって求

めたとはいえ，予測は所詮予測である。現実が予測通りに展開するのであれば，誰一人困る者など出てこない。

　会計上の利益にとって重要なのは，歴史的にも現実的にも，分配可能な実現利益である。予測による将来のキャッシュ・フローを想定して求めた利益は，絵に描いた餅に過ぎない。現実に手に取ることはできず，それによって分配することなどできはしないのである。たとえ投機家やアナリストが将来の予測利益の開示を求めたとしても，もちろんそうした情報が投資家のみならず経営者の意思決定にとっても極めて重要であることに変わりはないが，情報価値としての利益と実際の分配可能な利益とは，明確に峻別されなければならない。財務会計上の利益は，広く一般に開示するというある種の公益性を持つため，現実に手にすることのできる実現利益でなければならない。そのため，経営の意思決定に必要なある意味では私的で，予測による管理会計上の内部情報とは区分して考える必要がある。両者の利益概念の最大の違いは，実現利益か未実現利益かである。

■収益認識に関する新基準

　しかし，わが国の企業会計基準委員会（ASBJ）は，これまでの基準には，収益に関する包括的で具体的な基準が欠如しているため，収益に関する適用指針を2017年7月に「企業会計基準公開草案第61号」で公表し，2021年4月からの適用に向けて2018年3月に五つのステップからなる「収益認識に関する会計基準」を公表した。

　その基準は，①顧客との契約の識別，②個別の履行義務の識別，③取引価格の算定，④取引価格を契約における個別の履行義務に配分，⑤企業が履行義務を充足した時点で収益を認識，の五つである[1]。なかでも，最後の

1　IASB［2015］IFRS, No.15. 日本会計基準委員会［2018］日本会計基準第29号。松本
　　［2015］277頁。伊藤［2020］205-208頁。

ステップの「履行義務の充足」が強調されている。すなわち，契約した財やサービスの提供によってその権利を取引相手に移転することで履行義務を充足し，その対価として受け取る額ないしは権利を収益として認識するという原則である。その結果，収益認識にとって最も重要な実現概念が会計基準から削除されようとしている。未来の予測計算を中心に据える公正価値会計にとっては，この実現概念は，まぎれもなく大きな足かせになるからである。

　しかし，産業革命を迎えた頃では，巨大な株式会社が相次いで設立されると，会計は，その役割を利益分配のための損益計算から資金調達のための情報提供に転換させていく。その結果，開示情報の中心は，漸次当該企業への投資の安全性から有利性へと姿を変え，貸借対照表中心の会計観から損益計算書中心の会計観へと移っていく。かの動態論者オイゲン・シューマーレンバッハ（1873-1955）が『動的貸借対照表論』を上梓し，損益計算書中心の会計観を展開するのが1919年のことである。

2 公正価値会計の問題点

■ 財務諸表の正しさの検証

　財務諸表を誕生させた要因は，多くの資金を広く一般の人から調達するため，投資の安全性を貸借対照表で，有利性を損益計算書で開示することにあった。したがって，貸借対照表では万一に備えて投資を補償するだけの現実の純資産が今現在どれだけあるかを示し，損益計算書では過去1年ないしは半年間で実際にどれだけの利益をあげ，現実に銀行の金利を上回るどれだけの配当を行うことができるかを開示したのである。南海泡沫事

件（1720）を過去に経験したイギリスの人たちの叡智が事実にもとづく信頼できる情報開示というシステムを生み出していったといえる。会計監査制度を誕生させたのも，会計の信頼性を担保しようという強い意識があったからに違いない。

　財務諸表によって提供される情報の中心は，一方で当該企業が有する純資産額の提示であり，他方では1年ないしは半年間で獲得した利益の総額を示すことである。いうまでもなく，今期の純資産の額が分かれば前期のそれと比較して当期の利益を知ることができる。結果だけを重視するのであれば，貸借対照表だけで事足りるのかも知れない。しかし，大切なのは単なる結果ではなく，そうした結果を生じさせた原因を明らかにすることである。この原因の側面からの情報を提供するのが損益計算書である。

　貸借対照表と損益計算書が提供する情報は，結果としての利益とそれを生み出した原因の二つである。投資にとって有用な情報は，結果情報よりもむしろ原因情報にある。今日では，この提供する利益情報の内容が当期純利益から包括利益へと実質的に大きく変わってしまったのは，原因よりも結果を重視するからであろう。結果を取るか原因を尊重するか，それぞれの立場の違いがあるため，会計目的も単に利益情報の開示としてひとくくりにできないところがある。

　当期純利益情報の提供と包括利益情報の提供，一体どちらが公的な役割を担う財務会計に相応しい役割であろうか。投資家の意思決定に過度な期待やリスクを背負わさない会計情報が何であるのかが問われることになる。どちらを選択するか，ここに，情報提供機能を第一とする現代財務会計の意義が分かれることになる。もし，国際会計基準等が主張する包括利益計算が今日の金融資本主義を擁護し，その結果すでに述べてきたような深刻な社会的矛盾を拡大させているのであれば，たとえ一部にいわれる混合測定会計が行われているとしても，会計学に携わる者は，そうした大きな矛盾を孕む制度や基準に異議を唱えることが大切である。新たな会計システムの構築を提案することが重要になる。それこそが会計学ならびにそれを

専攻する者の真の役割であり責務なのである。

■ 産業資本のもとでの利益の発生

13世紀初めのイタリアで発生し，遅くとも14世紀半ばまでに損益計算技法として完成した複式簿記は，18世紀後半から19世紀にかけて全世界を席巻する産業資本主義体制のもとで，資金調達のために情報提供機能を主たる役割とする会計学を誕生させる。いうまでもないが，そこで提供される情報の中心は，利益である。ただ，産業資本中心の時代において提供される利益は，株主への配当や新たな設備投資や賃金の支払い，あるいは原材料の購入のためといった現実に支払い可能な資金，すなわち実現利益，さらに端的にいえば，ダウライス製鉄会社の比較貸借対照表（112頁の写真を参照）で示された実際に支払い可能なキャッシュが重視されてくる[2]。

経営にとって，キャッシュ・フロー計算書の重要性は，今も昔も変わらない。実際の支払いや設備投資のためには，単に財務諸上に表示された実現利益だけではなく，現実の現金そのものが必要になる。ところが，公正価値会計は，単なる未実現利益どころか将来の予測利益まで取り込んだ利益を会計上の利益として計上する。信頼性を背負って誕生し，実現した利益のみを会計上の利益

ダウライスの史料保管所（グラモーガン・レコード・オフィス）

---

2 Glamorgan Record Office, D/DG, E8. 渡邉［2017］138-139頁の図表5-1を参照。

と見なしてきた会計観とは，座標を異にする考え方である。

　21世紀を迎えると，新たに株主を企業の中心に位置づける株主資本主義，すなわち金融資本主義が経済社会の中心に位置してくる。それに伴い，この金融資本主義という経済体制は，これまでの会計に質的な転換をもたらすことになる。取得原価主義といわれる事実計算をベースにした従来の財務会計の領域には馴染まない予測計算が持ち込まれる。時代の変遷は，会計がその発生当初から基軸にしてきた発生主義による実現損益計算に，未実現損益も当期の損益に含ませる公正価値会計へと質的な転換を迫ることになる。当期純利益計算から包括利益計算への変容である。

　すでに前章で述べたが，金融資本主義のもとでは，お金が単なる交換手段ではなく商品そのものとなって利益を増殖させていく。もちろん，中世の金融業においても，利息という形態をとってお金がお金を生み出していた。しかし，当時の商業資本の時点では，まだ現金そのものが商品になっていたわけではない。ところが，金融資本主義のもとでは，市場に投下された現金が商品となって循環し，最終的には増殖した現金として還元される。お金がお金を生み出すのである。このような経済体制のもとでは，原因の側面からの厳密な原価計算など必要はなく，フロー計算に代わってストック計算による結果の側面からの損益計算，すなわち資産負債アプローチが新しい利益観として登場することになる。当期純利益に代わって包括利益が会計上の利益として国際的に認知され，公正価値会計が国際会計基準として世界を席巻することになる。

■ 初期における原価と時価の混合測定

　国際財務報告基準（IFRS）とのコンバージェンスを通して一体化を意図するわが国のASBJは，取得原価主義会計と公正価値会計との調整を提示し，取得原価と公正価値の両者を合体させた混合測定会計によって包括利益と当期純利益の両者を提示する方式を採用している。いわゆるリサイク

リングと呼ばれる方法である。しかし，将来キャッシュ・フローという未来価値との共用は別にして，決算に際しての取得原価と市場価値との混合測定は，複式簿記が発生した当初からすでに行われていた方法である。いわば，800年を超える歴史を有している。

貸付金を時価で再評価する貸倒損失の計上実務は，すでに1211年の最古の勘定記録に見出せるところである[3]。また，18世紀以降にイギリスの簿記書では，建物やリース資産はもとより，棚卸資産の評価損の計上もごく一般的に行われていた。当時は，固定資産が資産全体の中で占める割合がわずかであり，所得税法の制定（1799）以前でもあったため，時価による評価損益は，資本勘定ではなく直接損益勘定に振り替えられた。全体の実現損益に与える影響がそれほど大きくなかったからであろう。

時価による評価替えの実務は，すでに複式簿記の発生と同時に行われていたが，時価主義会計の必要性を論理的に明確に説く学説の登場は，1920年代のウィリアム・A・ペイトンやヘンリー・W・スウィーニーまで待たなければならない。そうした動きに並行して，本格的な資産負債アプローチによる利益観は，1970年代後半から1980年代にかけて広く認知されてくる[4]。21世紀に入ると，アメリカにおいて，財務会計基準書（SFAS）第157号が公表され，公正価値による測定が提示される。これをベースにして2009年5月にIASBによって公正価値測定の公開草案が公表される。それ以降，将来キャッシュ・フローの割引計算が会計測定の中心に位置することになる。今日の割引計算の原型は，20世紀に入ってアーヴィング・フィッシャーやジョン・B・キャニング等によって主張されたといわれている[5]。しかし，本格的な導入は，21世紀になってからのことである。

わが国ではASBJによる日本基準，FASBが提唱するアメリカ基準

---

3 渡邉［2014］18頁。

4 渡邉［2019］135-136頁。

5 久保田［2013］198頁。

(USGAAP），IASBによるIFRS，加えて修正国際会計基準（JMIS）の四つの基準が存在している[6]。ASBJは，国際会計基準への対応として，すべての基準をそのまま取り入れるのではなく，わが国に適した基準のみを取り入れるエンドースメント（是認）方式を採用することにしている。単純にいえば，国内では日本基準で，海外ではIFRSを適用するという，連単分離方式を採用しようというのである。そうして2015年6月に確定したのがJMISである。JMISとIFRSとの主な違いは，暖簾の償却が定期償却になっている点と株式の売却損益が損益に反映される点の二つにある[7]。しかし，JMISの適用企業は，あまり増加していない状況だという。

「現代会計の危機」と題する特集を組んだ雑誌『企業会計』の辻山栄子が座長を務めた創刊70周年記念座談会「平成『後』の会計基準」で安藤英義は，JIMSの適用企業があまり増加していない状況を勘案すれば，先の四つの基準は，やがて日本基準とIFRSの二つに集約され，単体財務諸表には日本基準を，連結財務諸表にはIFRSを適用するのではと予測している。これに対して，斎藤静樹は，異なる二つの基準を自己の都合で使い分ける正当な自由がどこにあるのか，自社の実態に合わせて連結でIFRSを適用するのであれば，なぜ単体で異なる基準を適用するのか。連単で異なる基準を使った結果が長期にわたり簿外で処理され続けると，当事者間で利害と開示の透明性が損なわれるのではないかと疑問を投げかけている[8]。実務を優先するのか筋を通すのか，立場の分れるところである。

日本基準では，提供する情報の柱である利益の表示に関して，包括利益と当期純利益のリサイクリングによる両建方式を採用している。2018年3月に公表されたIASBの「改訂概念フレームワーク」でも両者の二元的表示で行っているのは，よく知られている通りである。

---

6 渡邉［2019］137頁。
7 辻山［2019］39頁。
8 辻山［2019］32-33頁。

3

金融資本主義の矛盾

■公正価値会計による格差の拡大

　IFRSが提示する包括利益は，公正価値によって評価されるため，そこには単に市場価値だけではなく将来キャッシュ・フローの割引計算といった予測値が混入される。しかし，会計的数値にとって最も重要なのは，客観的で誰によっても検証可能な信頼性にある。信頼は，事実によって担保される他に道はない。将来キャッシュ・フローの割引計算は，どのような厳密な計算式によって求められた数値であったとしても，所詮は予測である。予測計算であることに変わりはない。

　現実がいつも予測通りになるなら，不慮の災害や巨額の損失などとは無縁のはずである。しかし，われわれはいつも想定外の現実に悩まされてきた。直近の事項では，2020年に突然に発出した新型コロナや同年7月に熊本地方を中心に襲った集中豪雨による球磨川の氾濫で被った甚大な被害等は，その典型的な事例である。会計の分野においてもまた然りである。会計や経営以外の自然災害や政治的な衝突，あるいは新たな感染症の発生等，様々な要因によって株価は大きく変動し，それによって企業価値もまた大きく変わることになる。

　包括利益は，意思決定有用性アプローチのもとで，長期にわたる安定した配当を期待する一般株主（投資家）のための利益ではなく，瞬時の株価の変動によって投機的な利潤を期待する投機家や投資アナリストの要求に応えるための利益であるといえよう。今日のIFRSやそれに呼応するわが国の財務会計の概念フレームワークを見る限り，会計の役割が企業を長期的に支える一般の投資家のための情報提供といった意味合いから大きく外れ，単に短期的な利益を得ることを目的としたごく一部の大資本を

有する投資ファンドに寄与するための情報提供になってしまった感をどうしても拭うことができない。有用性が先行し，信頼性が二の次になってしまったからである。まさしく現代会計を支える意思決定有用性アプローチの弊害である。

　ASBJは，IASBとの調整過程で，利害関係者に提供すべき財務情報に包括利益だけではなく当期純利益情報も重要であることを強く主張してきた。わが国の一貫した主張である。その結果，IASBも全面的な公正価値評価では世界的合意を取りつけることが難しいと判断して，IFRSではリサイクリング方式に舵を切ったといえよう。利害の異なる様々な国を，有用性というカード1枚で統一することには，当初から無理があったといわざるを得ない。なぜなら，有用であるか否かの物差しは，それぞれの国や企業や個人によって異なるからである。統一的な基準を作るためには，有用性に代わる新たな基準が必要になる。本書では，意思決定有用性アプローチの代替アプローチとして，最終章では歴史的視点に立って，開示情報信頼性アプローチを提示した。果たして，どれだけの説得力を持つことができるであろうか。

　財務会計が示す利益は，何よりも実現性と分配可能性ないしは支払可能性が担保されていることが前提であり，未来の予測によって求められた単なる紙の上の期待利益では，賃金や債務の支払い，手形の引き落としや新たな設備投資のための資金を用意することができない。企業価値情報だけではなく，現時点での手元現金在高とともに，現実に獲得した実現利益情報を発信していくことが会計の役割である。財務会計が開示する利益は，有用性よりも事実に裏づけられ，客観的で検証可能性が担保された信頼できる内容でなければならない。事実にもとづいた信頼できる利益情報を発信する制度や基準の設定が会計学の役割であり，会計学に携わる者の責務なのである。

■ 成果の適正な配分の必要性

　特定の投機家への有用な情報提供が，結果的には，世界的な規模で極度の富の偏在を生み出し，経済的格差による排斥や差別あるいは犯罪や紛争を次々と生み出している。ピケティによると，「1970〜1980年代以降は格差が急速に拡大し，21世紀には19世紀よりもより一層格差社会が拡大すると予測している。アメリカでは，1929年の世界大恐慌と2008年のリーマンショックの時期が下層・中流階級の実質購買力の低迷期と重なっていることから，彼（ピケティ）は，格差の拡大が金融不安の一因になった[9]」と結論づけている。

　われわれは，「富裕層が豊かになれば，やがて中間層から貧困層にその恩恵が行きわたる」というトリクルダウンの幻想から脱却しなければならない。近年の好景気を反映し，過去最高の業績を計上している大手企業も数多く見られる。しかし，その利益が従業員への分配に回されることは少なく，内部留保として企業内に蓄積されているに過ぎない状況のもとでは，多くの人は，好景気や豊かさを実感できないでいる。

　端的にいえば，すでに述べたが，リストラと法人税の減税によって利益は増加しているが，そのほとんどが特定の大株主への多額の配当と執行役員の高報酬，そして内部留保として蓄積されている。一部のカリスマ経営者が一般従業員の500倍もあるいは1,000倍近くもの年収を得ている状況を知らされると，多くの従業員の努力による成果が適正な対価として分配に回されているとは，必ずしもいえないのではなかろうか。豊かさを実感できている人は，恐らく一握りの人に過ぎないのである。派遣社員や契約社員，あるいはパートといった多くの人たちは，先行きの見えない閉塞感に陥っている。富の適正な再分配こそが今日の最重要課題であり，分配と税法の改正が最優先事項と思われる。

9　渡邊［2019］138-139頁。ピケティ著，山形他訳［2014］247，308頁。

■ 経済的格差と会計学の関係

　こうした富の偏在による貧困や差別化によって，世界の各地で犯罪や紛争やテロといった様々な社会問題が引き起こされている。経済的格差によって多くの争いを引き起こしている状況に，もし会計学がたとえ間接的にしろ関わっているとすれば，看過できない問題である。わずか20数人の富裕層の総資産が世界中の恵まれない人々38億人分（2019年の世界の総人口77億人）の総資産に匹敵するという。そんな不条理がまかり通っているのが現実である。

　今日の国際会計基準やわが国の会計基準は，法律によって擁護された財務情報を提供し，そうした情報によって巨額の資本を有する投機家が巨額の富を獲得する。もちろん，ごく一部の大株主だけである。その結果，富める者はますます富み，貧しきものはますます貧しくなる。経済的格差は助長され，社会的矛盾はより一層拡大していく。もし会計学がこうした社会的矛盾を拡大させる制度設計や基準設定に関与し，結果的にしろ，貧困が原因による犯罪や地域紛争の一因を作り上げる要因の一つになっているのであれば，極めて深刻な問題である。矛盾の拡大に手を貸す会計基準や会計制度を設定してきた会計学の社会的・道義的責任が問われることはないのであろうか。「私は関係ない」で済まされる問題ではないように思えてならない。

　世界の流れがIFRSのアドプション（適用）やエンドースメント（是認）へと向かい，その流れに異議を唱える人が皆無に近い状況であったとしても，もしその流れに棹さすことに少しでも疑念が生じるのであれば，孤立無援を恐れず，しっかりと異論を唱える勇気を持たなければならない。それが独立した会計人の矜持であり責務である。われわれが生きていく上では，単に物質的で経済的な豊かさを追求するだけではなく，精神的な心の豊かさを追求する真にフェアな制度や基準設計がより大切になってくる。こうした科学者の矜持を示した事例を，先の拙著『会計学者の責任』（2019）

でも提示したが[10]，再度ここで引用することにする。

4 問われる会計学の責務

■ 核開発と原爆そして原子力の平和利用

　後の原爆の元になる核分裂を発見したドイツの科学者オットー・ハーン（1879-1968）やオーストリアの物理学者リーゼ・マイトナー（1878-1968）は，原爆が引き起こしたあまりの残酷さをどのように受け止めたのであろうか。あるいは，当時の大統領フランクリン・ルーズベルト（1882-1945）のもと，原爆製造のマンハッタン計画で中心的な役割を果たしたアメリカの物理学者J・ロバート・オッペンハイマー（1904-1967）は，科学者の責任についてどのように感じたのであろうか。また，原爆製造に関与したわけではないが，かの理論物理学者アルベルト・アインシュタイン（1879-1955）は，ルーズベルト宛に核エネルギーとその軍事利用に触れ，新たな爆弾の強大な破壊力について手紙を送っている。そのため，戦後に原爆がもたらした悲惨な現実を知ったとき，科学者としてのあり方を痛感させられている。わが国でも，湯川秀樹（1907-1981）や武谷三男（1911-2000）も，科学者の責任において，原子力の平和利用を強く訴えた。

　そうした状況下で，1952年10月23日に開催された日本学術会議の総会の席上，原子力研究の再開を目指す衆議院議員前田正男の提案に「工業発展に原子力発電は不可欠だ」と大阪大学教授の伏見康治が賛意を表した。これに対して，一人の研究者が発言を求め，激しく反論したという。それが

10　渡邉［2019］139-140頁。

東京新聞のウェブ版に掲載されていることを医師の河野美代子がブログ上の「いろいろダイアリー」で紹介している。

　それが当時広島大学の教授で，現地広島で被爆し，2カ月もの長きにわたり生死の淵を彷徨い，首筋に痛々しいやけどの痕を残した物理学者三村剛昂の「涙の大演説」といわれているものであるという。三村は，たとえ原子力の平和利用と声高に唱えたとしても，原子力は，一夜にして原爆に変わってしまう。そうした現実を直視すれば，たとえ平和利用という大義のもとでの原子力発電といえども，決して賛成することはできないと声を震わせて訴えたという[11]。少し長くなるが，その心からの叫びを引用する。

■一人の科学者の心の叫び

　「私は原爆をよく知っている。その死に方たるや実に残酷なもの。発電，発電と盛んに言われるが，政治家の手に入ると，25万人がいっぺんに殺される。米ソのテンション（緊張）が解けるまで，いな世界中がこぞって平和的な目的に使う，こういうことがはっきり定まらぬうちは日本はやってはいかぬ。私はこう主張するのであります。原爆の惨害を世界中に広げることが日本の武器。文明に乗り遅れるというが，乗り遅れてもいい。・・・われわれ日本人は，この残虐なものは使うべきものでない。この残虐なものを使った相手は，相手を人間と思っておらぬ。相手を人間と思っておらぬから初めて落とし得るのでありまして，相手を人間と思っておるなら，落とし得るものではないと私は思うのであります。ただ普通に考えると，20万人の人が死んだ，量的に大きかったかと思うが，量ではなしに質が非常に違うのであります。しかも原子力の研究は，ひとたび間違うとすぐにそこに持って行く。しかも発電する—さっきも伏見会員が発電々々と盛んに言われましたが，相当発電するものがありますと一夜にしてそれが原爆

11　河野［2013］いろいろダイアリー。

に化するのであります。それが原爆に化するのは最も危険なことでありまして、いけない。・・・」と涙ながらに訴えたと伝えられている。

　もちろん、原発設置については賛否両論があろう。しかし、原爆の投下などは論外にしても、2011年3月11日の東日本大震災の地震と津波による福島第一原発事故に直面したとき、原爆ではないが、三村の主張には身に迫るものがある。安全で安価で、しかも環境に優しいという原発の神話が崩れ去った。もし、社会全体が、あるいは国が大きな力でもってあらぬ方向に動き出したとき、われわれは、どこまで勇気を持ってその動きに反対の意を突きつけることができるであろうか。どこまで人としての矜持を保つことができるであろうか。残された大きな課題である。いわんや研究者においては。

■科学者の責任

　科学は、一般に自然科学、人文科学、社会科学の三つに分類され、本書で取り上げている会計学は、社会科学の一分野に含まれる。社会科学の研究対象は社会であり、社会を構成しているのは、われわれ一人一人の人間である。したがって、社会科学は、われわれの生活をより豊かにするための研究である。しかし、われわれが生きていく上では、単に社会現象だけではなく、あらゆる自然現象とも深い関わりを持って生活している。新薬の発明によって多くの難病患者の命が救われる。新型コロナウイルスのワクチンや治療薬も待たれるところである。あるときは新しい気象衛星の開発により農作物を自然災害から守り、またあるときは新しいAIやロボット技術の開発により製造工程における経済性や安全性、介護ロボットによる介護者の負担の軽減等に著しい貢献をなす。しかし、その反面、科学は、意図しないままに、例えば核兵器のような恐ろしい殺人兵器を生み出してしまうこともある。まさしく、新しい発明や発見は、両刃の剣である。

　そんなとき、それぞれの開発に直接携わった人たちやその制度設計を推

進した人たちの責任は，どうように捉えていけばよいのであろうか。科学
それ自体の責任が問われることはないのであろうか。科学の研究は，単に
真理の探究だけに止まらず，われわれが生きている社会の現状や未来をど
のようにするのかという理念と直接にリンクしてくる。それ故にこそ，新
たな開発に向けての研究には，その研究に対する将来の展望，研究の行き
つく先を見届けることが必要になる。社会科学の場合は，研究対象がわれ
われの生きている社会であり，社会を構成しているわれわれ一人一人であ
るため，なおさらにこのことが重要になる。科学に携わる者は，自己の発
明や発見あるいは新たな制度や基準の設定が社会に及ぼす最後の結果にま
で責任を持たなければならない。科学の功罪両面を見たアインシュタイン
は，後に「もし生まれ変わることができるなら，もう自分は科学者にはな
らない」と心の底を打ち開けたという[12]。

■ 科学の発展は諸刃の剣か

　科学の発展は，われわれに極めて便利で快適な生活を提供してくれた。
しかし，「ゼロ戦や戦艦大和を作る科学技術も，［われわれの日常生活を快
適で便利にする］乗用車や新幹線を作る科学技術も，科学技術として本質
的に異なるわけではない。前者を『似而非科学』，後者を『真正科学』と
区別することは，単なる思い入れの問題である[13]」という。大切なことは，
三村のいうように，すべての科学者は，自らの発明や発見，あるいは法律
や制度の制定がもたらす結果についてもその責任を負う覚悟を持たなけれ
ばならない点である。決して他の人に転嫁することはできないのである。
　われわれ会計学の研究や実務に携わる者も，それがもたらす結果につい
て，責任を持たなければならない。会計という研究分野や実務は，われわ

12　小出［2014］250-254頁。
13　山本［2018］212頁。

れの経済生活に直接的に影響をもたらすため，なおさらのことである。新たな制度や基準によって大きな矛盾が生み出されるとき，問題はさらに深刻になる。なぜなら，そうした基準や実務が制度や法律で制定され保護されるなら，その法律に矛盾を感じたとしても，それに異議を唱える人は，極めて少数になると思われるからである。

　国が定めた法律に背くことは，犯罪者になり，牢に繋がれることにもなりかねない。そんなリスクを負う人は，ほとんどいないであろう。やがて時が経つと，そうしたやり方が知らず知らずのうちにわれわれの日常生活の中で慣習として定着する。そのとき，多くの人は，矛盾を生み出す行為が法律によって正当な手法として保護されているため，決して不正なことをしているという意識を持つことはない。結果的には，知らず知らずのうちに，僅かの罪悪感を持つこともなく，多くの社会的矛盾を増大させる行為に加担していくことになる。この点こそ，われわれが絶えず留意しておかなければならないところである。

■会計に携わる者の責任

　金融資本主義経済のもとでは，一部の大資本を有する投機家の意思決定に有用な情報を提供することが会計学の役割であると決めて，意思決定有用性アプローチという錦の御旗のもとで，新たな財務報告のための会計法規や制度，あるいは基準や概念フレームワークを設定していく。もちろん，投資家に有用な情報を提供するための会計基準を設定すること自体には，何の矛盾も不合理もない。しかし，その結果，膨大な資本を有する投機家は，さらに資本を増幅させ，富の偏在を拡大させていく。富める者はますます富み，貧しきものはますます貧しく，経済的格差は拡大し，貧困による犯罪や差別や暴力が蔓延し，それらが地域や国家や民族間での紛争や戦争の一因になる。もしそうした状況に，たとえ間接的にしろ会計学が関与するようなことになれば，問題は深刻である。

　20世紀末から21世紀を迎え，産業資本主義から金融資本主義に移行した頃から，投資の目的が変わってくる。長期にわたって企業の安定的な成長を望み，安定的な配当を目的とする一般の投資家への情報提供から，短期的な投機的利潤を目的とするごく一部の大株主への情報提供へと会計学の目的が変容したとき，歯車があらぬ方向に動き始めた。何のための統一的な国際会計基準作りであったのか，何のための一つの基準への統合であったのか，また何のための情報提供であったのか，今一度原点に立ち返って問い直さなければならない。でなければ，会計学の存在意義そのものが問われることになる。第2次世界大戦の反省から，二度と戦争は繰り返さないと誓ったEUが今まさに瓦解の危機に直面しているのもまた，同質の問題を抱えているのであろう。

　もし，争いや貧困あるいは差別や犯罪のない自由で民主的な社会を求めるのであれば，先のアインシュタインの悔恨を繰り返さないためにも，この世界に生きているすべての者は，それぞれが関与している生活や研究の分野で，それぞれの行きつく先，結果について，しっかりと思いを巡らせ，責任を持つ覚悟が必要である。わが国には，近江商人の「三方よし」という伝統的な経営理念がある。会計学もある特定の大株主に寄与するためだけの学問であっては，所詮その存在価値を失ってしまう。企業，株主，そして社会の三方がよくなる会計制度や基準，そして会計慣習を作り上げていくことが重要である[14]。大株主を利するだけの研究では，社会的な意義はなく，早晩その存在価値を失くしてしまうであろう。すべての人々に，またわれわれが生きている社会そのものに貢献できる研究に関わってこそ，社会科学としての意義があり，またそれに携わる研究者としての社会的責任を果たせるというものである。

　会計ならびにその損益計算構造を支えてきた複式簿記が生成から800年の長きにわたって継承されてきたのは，広く社会から信頼を勝ち取り，経

14　渡邉［2016］93頁。末永［1997］7頁。

済社会を支える有益な損益計算システムとして機能してきたからである。特定の個人に対する有用性や目的適合性ではなく，客観性や広く社会からの信頼性を重視してきた会計学の原点を忘れてはならない。

■ 会計が目指すべき方向

　本書では，現代会計が進もうとしている方向に，異なった視点から一石を投じてみた。歴史というフィルターを通して見ると，今日の財務会計がIFRSとのコンバージェンス（収斂）やアドプション（適用），あるいはエンドースメント（是認）という名のもとに，硬直化した一つの基準に統一化しようとしているが，その方向は，果たして会計が本来目指すべき道なのであろうか。

　会計の損益計算構造を支える複式簿記は，13世紀初めのイタリアで債権債務の備忘録として誕生し，14世紀前半に実地棚卸で求めた利益を帳簿記録で検証する技法として完成する。この複式簿記を完成に導いた直接的な要因は，正確な記録とそれにもとづく正確な損益計算であるという信頼性にあった。信頼性を基軸に据えた損益計算のための技法は，19世紀を迎え，産業資本のもとで，新たに生じてきた様々な経済事象に論理的・実証的に対応し得る体系的かつ組織的な計算構造と知識，すなわち科学として，確立を見る。それが社会科学としての会計学である。

　会計学の役割は，株主に代表される利害関係者への財務情報の提供にある。企業活動の成果を原因と結果の二つの側面から体系的に解明し，株主等に情報提供する社会科学の一分野である。研究対象は，社会でありその社会を構成している人間である。したがって，会計学は，単に社会現象の真理を解明するだけに止まらず，またその時代の社会の要望に応えるだけでもなく，もちろんごく一部の富める人のためにだけ存在しているものでもない。社会を根底から支えている多くの人を幸せに導くための学問でなければ，存在する意義もなければ研究する意味もない。もし逆に，会計学

が社会的な矛盾を拡大させ，結果的に多くの人を不幸に陥れる社会システ
ムとして機能しているのであれば，会計学は，その責任を問われなければ
ならない。何のための学問なのかと。

　ピケティは，「もしも，ここ数十年米国で見られた労働所得の集中の強
化が続くと，2030年には最下層50パーセントは，トップ10パーセントへの
報酬総額の半分しか稼げなくなる[15]」という。「利子や配当，あるいはキャ
ピタル・ゲインといった資本所得の割合でいくと，この格差はさらに大き
くなる。2010年から2011年の実証分析によると，アメリカではトップ10％
の富裕層がすべての富の72％を有し，最下層の50％は，わずか全体の２％
しか所有していないことになる[16]」と主張している。

　また，2017年１月にオックスファムというNGO組織が発表した報告書
によると，世界で最も裕福な人８人と，恵まれない世界人口の半分にあた
る36億7,500万人の資産総額がほぼ同じだという。その８人の資産総額は，
4,260億ドル（約48兆7,000億円）にも達するといわれている[17]。こうした試
算によると，現代社会があまりにも不条理な状況に置かれていることを如
実に教えてくれる。これがまぎれもない現実なのである。

■ 会計学の役割と責務

　金融資本主義は，富の正当な分配機能を壊し，その偏在から生じる経済
的格差によって貧困や差別による社会的矛盾を増幅させ，対立や紛争を引
き起こしている。こうした状況下で，会計学は，どのような役割を果たす
ことができるのであろうか。会計学がごく一部の投資家の利益にのみ与す
る制度や基準の設定に関わり，結果的に貧富の差を拡大させ，富の偏在に

15　ピケティ著，山形他訳［2014］265頁。渡邉［2019］143頁。

16　ピケティ著，山形他訳［2014］267頁。渡邉［2019］143頁。

17　原［2017］21頁。ここに示された数値は，本書の出版当時の数値で，世界人口や為替
　　の換算比率は，現在と異なる。

よって政情不安をもたらし，多くの人を不幸にし，社会を混乱に陥れる一因を作り出しているとすれば，そのような会計制度や会計基準の設定には決して関与すべきではない。誤解を恐れず敢えて言えば，この制度や基準を支えている会計思考は，金融資本主義を支えている意思決定有用性アプローチである。このアプローチに代わる新たな代替アプローチを提示していくことが現代会計学の直近の仕事である。多くの人を幸せにできる基準の設定を模索し，制度化していくことこそが会計学の役割であり責務なのではなかろうか。

前著『会計学者の責任』の主張を引用して，その続編として著した本書の本章を締めくくることにする[18]。「今一度声高に主張したい。会計学は，企業を取り巻く利害関係者に情報を提供する単なる技法ではない［ことを］。社会科学の一分野である。研究対象は，社会でありその社会を構成している人間である。したがって，単に社会現象の実情を明らかにするだけではなく，社会や生活を壊さない，人を不幸に陥れない学問領域でなければならない。会計学にとって重要な課題は，単純に利益の極大化ではなく，適正な利益志向とその配分の問題にある」。

とりわけ，富の偏在を是正する分配の問題，あるいは所得税や累進課税等税法に関わる問題は，極めて重要である。会計学の責務は，「単に利益極大化志向の制度や基準設定に与するのではなく，適正な利益とは何かを［絶えず］問いかけ，あり得る利益概念を提示し，獲得した利益の適正な配分のためのシステムを構築することにある[19]」。ごく一部の富める人にのみ有用な情報を提供することではなく，すべての人の心を豊かにさせ，富の偏在を許さないシステムを構築するのが会計学の役割であり責務なのである。ここにこそ，会計学に携わる者の役割と社会的責任があるのではなかろうか。

18　渡邉［2019］143-144頁。
19　渡邉［2019］144頁。

第 **4** 章

行き過ぎた投機熱と
信頼性の回復

1

資金調達のための情報開示

■ 伝統的な会計の役割と貨幣経済の浸透

　会計の歴史を振り返って明らかになったことは，会計の損益計算構造を支える簿記は，複式簿記として誕生したことである。複式簿記の本質は，損益計算にあるが，誕生当初の役割は，債権債務の備忘録と検証，それと諍いに対処するための文書証拠にあった。13世紀初頭のイタリアは，度重なる十字軍の遠征（1095-1270）によって，ヨーロッパの北方各地から多くの人・物・金・情報が集積され，通貨の換算や金銭の貸借，あるいは物品の調達や交換のために市場が立ち，盛大な取引が行われた。貨幣経済が浸透し，金融業（両替商）を始め様々な商店や組合企業が誕生し，活発な商取引が展開されるに至った。何よりも重要なのは，信用取引の出現である。それまでの物々交換や現金取引に代わって，信用取引が登場すると，後の決済に備えて正確な記録が要求される。この記録の必要性が複式簿記を誕生させる最大の要因になった[1]。

　金銭の貸借には，シェークスピアの『ヴェニスの商人』に見られるように，しばしばトラブルがつきまとう。その点は，今も昔も変わらない。こうしたトラブルを避けるために，公証人の立会いのもとで，取引の正確な記録を残しておく。これが公正証書である。しかし，取引に伴う金銭の貸借や信用による売買が発生するたびに公正証書を取り交わすには，あまりにもコストと時間がかかり過ぎる。この問題を回避するために考え出されたのが複式簿記の活用である。日々の取引を細大漏らさず正確に記録しておき，何かのときには複式簿記で記録した帳簿を公正証書の代わりとして

1　渡邉［2014］第1章。渡邉［2017］3-5頁。

利用することを思いついた。換言すると，複式簿記に公正証書と同様の証拠性を与えようとしたのである。もちろんこれは，一朝一夕でできるものではなく，様々な工夫と長い年月が必要であった。こうして，記録の検証や文書証拠のために債権債務の備忘録として誕生した複式簿記は，帳簿の冒頭に十字架を書き込み，神の助けを借りながら，百数十年の時を要して損益計算システムとして完成へと導かれていくことになる[2]。

このことは，複式簿記にとって何よりも重要なのが記録の信頼性にあることを物語っている。継続的な記録によって，貸付金や借入金の金額，あるいは掛売や掛買の残高が，なぜこれだけになるのかを原因と結果の二つの側面から説明しているのが複式簿記にもとづく記録である。ストックの側面から利益を計算し，同時にその利益の正しさをフローの側面から求めた利益で検証する。その計算技法が複式簿記なのである。商人たちが重視したのが損益計算の正確性と信頼性である。信頼性にとっては，何よりも事実にもとづく日々の正確な取引記録によって担保され，そこに虚偽や誤謬あるいは脱漏はいうまでもなく，現実とは異なる予測や期待がわずかでも入り込むことを避けることが何にもまして肝要になる。そうして初めて，複式簿記は，公正証書に代わって信頼できる文書証拠の役割を果たすことが可能になるのである。

こうして，複式簿記は，13世紀初頭のイタリア北方諸都市で文書証拠ないしは債権債務の備忘録として歴史の舞台に登場することになる。ルネサンス前夜のことである。時をほぼ同じくして生じる農奴制の崩壊，価格革命による封建領主の没落，何よりもオスマントルコによるコンスタンティノープルの陥落（1453）によって東ローマ帝国（ビザンツ帝国：1395-1453）の滅亡，ルネサンス，宗教改革，大航海時代へと近世社会への扉が大きく開かれていく。複式簿記が誕生するのは，まさしく，中世封建社会が終焉を告げる時代である。

---

2 渡邉［2014］第2章。渡邉［2017］45-50頁。

■複式簿記の誕生と完成

　13世紀初頭に文書証拠として登場した複式簿記は，百数十年の時を経て，組合員相互間での利益分配の必要性から，それまで潜在化していた損益計算機能を表舞台に登場させることになる。当時のフィレンツェの組合は，同時代のヴェネツィアとは異なり，血縁を認めない親族以外の第三者による期間組合として結成される。そこでは，組合員相互間での利益分配の必要性から，実地棚卸によってストックの側面からビランチオ（一種の利益処分計算書と財産目録が一緒になった財務表＝利益処分結合財産目録）を作成して利益を算出した。

　この実地棚卸で求めたビランチオの利益に誤りがないことを証明するために，継続的な取引記録，すなわち複式簿記によるフローの側面から損益勘定で求めた利益との突き合わせが行われる。ストックで求めた利益の正否をフローで求めた利益で検証したのである。両者が一致したときをもって，複式簿記の完成と見なしている。実地棚卸で求めた利益の信頼性を担保するために考案された技法が日々の正確な継続記録にもとづく複式簿記なのであった。この信頼性の確保こそが，近年の有用性至上主義によって片隅に追いやられた感を拭いきれない取得原価主義会計，ならびにその損益計算構造を支える複式簿記の本来の姿なのである。最終章で詳しく述べるが，現代会計学を支配している意思決定有用性アプローチに代わる代替アプローチとして，開示情報信頼性アプローチが提案される根拠がここにある。

　もし，簿記すなわち複式簿記を企業の総括損益を計算する技法と規定するのであれば，債権債務の備忘録ないしは文書証拠として発生した簿記は，損益計算を前提にする簿記の範疇に含めることができないのではないかという疑問が残る。だとすれば，簿記の誕生を13世紀のイタリアとすることができなくなる。この点は，第2章でも述べたが，簿記の発生当初でまだ損益を計算することができなかったのは，単に度量衡の複雑さや教育制度

の未発達や計算能力の拙劣さによるものに過ぎず，簿記は，発生当初から
その計算構造の中に損益計算機能を内在させていたのは明らかである。債
権債務の備忘録として発生した複式簿記ではあったが，その組織体系には
すでに損益計算機能が含まれていたのである。

■ 信用取引の出現とともに発生主義が誕生

　複式簿記の本質であるフロー計算にもとづく総括的な期間損益計算を支
えている費用収益の認識基準は，発生主義（実現主義）である。この発生
主義にもとづいて費用を計上し，実現した収益と対応させて利益を求める
計算技法こそが，会計ならびにその損益計算構造を支える複式簿記の根幹
なのである。この発生主義による認識基準は，すでに最古の勘定記録や当
時の多くの商人たちが残した取引記録の中に見出せるところである。発生
主義にもとづく損益計算は，産業革命の産物ではなく，複式簿記が誕生し
た13世紀初めからすでに行われていた。なぜなら，複式簿記は信用取引の
発生とともに誕生し，発生主義と信用取引は双子の関係にあるからである。
　少し詳しく見ていくと，信用取引は，いうまでもなく掛売や掛買によっ
て取引が行われる。まだ代金を回収していなくても，あるいはまだ代金を
支払っていなくても売上や仕入として計上する。このことは，複式簿記が
その誕生と同時に，費用収益を現金主義ではなく発生主義（実現主義）で
認識していたことを示している。何よりも，13世紀末のファロルフィ商会
サロン支店の帳簿（1299-1300）では，経費勘定から未使用食料品を控除し
たり，前払地代を計上する記録が残存している[3]。明らかに発生主義にもと
づく会計処理が行われていたのである。決して現金の収支に合わせて収益
費用を計上する現金主義と呼ばれる認識基準によって損益計算が行われて
いたわけではない。

3　泉谷［1980］112頁。渡邉［2016］16頁。

今でもまだいくつかの専門書で散見されるが，複式簿記発生当初は，現金主義で認識し，産業革命期に減価償却の登場によって初めて発生主義で費用計上を行うようになったとの見解は，明らかに誤りである。発生主義は，決して産業革命の産物ではない[4]。複式簿記の発生とともに行われていた処理法である。

　加えていえば，すでに述べたところであるが，貸付金に対して貸倒損失を計上する実務，すなわち債権の時価による評価替えもすでに1211年の最古の勘定記録の中に見出せる。複式簿記は，資産評価に際して，その誕生当初から取得原価と時価のハイブリッドによる測定，すなわち混合測定会計として機能していたということができる。もちろん，この時点の時価は，今日の将来キャッシュ・フローの割引現在価値（使用価値）を含む公正価値ではなく，今現在の市場で取引されている市場価値を指している。予測値や期待値が入り込む未来価値ではなく，現実に市場で取引される現在価値なのである。取引時点の市場価値は，いうまでもなく取得原価である。予測計算が会計の世界に持ち込まれるのは，20世紀半ば近くになってからのことである。

▋荘園経済から都市経済へ

　その後，16世紀半ばから17世紀を迎え，世界の覇権がイタリア，スペインからオランダに推移していくに伴い，損益計算技法としての複式簿記もまた，これまでのいわゆる口別損益計算や非定期的な先駆的期間損益計算から[5]，そして今日のように1年ないしは半年ごとに定期的に企業の総括損

---

4 渡邉［2016］第2章。

5 口別損益計算は，13世紀のヴェネツィアにおける貴族社会を中心に，個人や血縁によって結成された家族組合で行われた損益計算システムである。その特質は，取扱商品（または航海）ごとに口別勘定を設け，商品がすべて売却済みになるか航海が終了した時点で各口別勘定ごとに損益を計算する方法である。それに対して，先駆的期間損益計算は，13-16世紀のフィレンツェにおいて他人と組んで結成された期間組合で行われた損益計算

益を求める期間損益計算（年次決算）制度へと進化していく。それに伴い，拡大していく取引量に対応するため，記録システムにおいても様々な工夫が生み出される。特殊仕訳帳（日記帳）制，元帳勘定の部分的統括，資産の時価評価，あるいは精算表といった今日の一般的な会計処理法が次々と考案され，実務の中に定着していく。近代化へと大きく舵を切っていくのである。この新しいシステムを不断に生み出していくエネルギーは，いつの時代にも共通する商人たちの現状を改善しようと願う合理的な精神のエトスにある。複式簿記を進化させていったのは，際限なく拡大していく取引業務に対して，記帳労務をできるだけ少なくしたいという商人たちの要求にあった。複式簿記は，ある意味で限りなく拡大していく取引量とそれに対処する人間の処理能力の限界，いわばこの無限と有限の揚棄の過程によって進化していったといえるのかも知れない。

　17世紀から18世紀を迎えると，イギリス経済の中心は，それまでの荘園から都市へと移行していく。それに伴い，これまでの複式簿記は，18世紀末に巻き起こる鉄と石炭，すなわち機械化と技術力，それを支える蒸気機関の発明などによる新たなエネルギー革命を基盤にした産業革命の遂行過程で，新たな産業構造

スティーヴンソン親子のロケット号（ロンドン）

システムである。この方法は，13世紀を中心にした前期と14世紀前半から16世紀前半にかけての後期に分けられる。前期先駆的期間損益計算は，複式簿記にもとづく継続記録とは無関係に実地棚卸によってビランチオを作成し，まだ非定期的ではあったが，特定期間の損益を計算する方法である。後期先駆的期間損益計算は，まだ非定期的ではあったのは同じだが，期間損益を実地棚卸ではなく毎日の取引の継続記録にもとづいて求めた損益勘定で計算する損益計算システムである（渡邉［2017］20-28頁を参照）。

の変容に呼応して，これまでの工業簿記に代わって新たに原価計算システムを誕生させる。この厳密な損益計算システムが複式簿記を会計学へと進化させ，アメリカに接ぎ木される過程で，新たに管理会計を発生させていく。

■ 情報提供機能としての会計学の誕生

　原価計算の誕生と同時に，イギリスにおいても管理会計の萌芽的な形態を生み出していく。この考えがアメリカに伝播し，一方では標準原価計算や予算管理システムを，他方ではテーラー・システムや事業部制あるいは連結会計といった経営とコラボした新しい会計領域を次々と生み出していく[6]。それに伴い，複式簿記や会計の役割も，実際に生じた正確な取引記録にもとづく損益計算技法から，漸次新しい会計システムの構築や財務諸表の作成による情報提供機能へと変容していくことになる。巨大な株式会社の出現は，巨額の資本を一般の株主から調達するために，投資の安全性と有利性を主張する手法として財務諸表を誕生させると同時に，会社法によって会計における投資誘因としての情報提供機能を大きく開花させていくことになる。複式簿記を会計学へと進化させたのは，まさにこの情報提供機能にあった。

　巨額の固定資産を抱える株式会社は，これまでの単なる時価による評価損の計上ではなく，厳密な期間原価を計算するために減価償却という新たな費用配分のための方法を登場させる。これによって，正確な製造原価が計算され，発生主義にもとづく総費用と総収益の対応による厳密な損益計算を可能にさせていく。蒸気機関車や溶鉱炉あるいは精密な機械や織機といった巨額の固定資産は，先験的な費用配分法としての減価償却を誕生させるだけではなく，巨額の固定資産を再調達するために，資金の社外流出

6　辻［1988］73頁。

を抑えて内部留保すると同時に，具体的な資金を現金として積み立ててお
くことの必要性を認識させている。再調達のための現金資金の確保は，巨
額の固定資産を抱える産業資本社会にとっては避けることのできない喫緊
の課題になる。

■ 発生主義会計の課題

　発生主義会計にもとづく損益計算の最大の課題は，財務諸表に表示され
た当期純利益と実際の手元現金との間に横たわる大きな落差にある。とり
わけ，日々の資金繰りに頭を痛める中小企業にとっては，財務諸表上では
利益が出ているにもかかわらず，債務や賃金の支払い，あるいは新規の設
備投資を計画したとき，現実には，それを充足する資金が手元にないこと
に愕然とする。「利益は，どこに消えてしまった。利益とは，一体何なの
だ」。事態は，極めて深刻である。下手をすれば黒字倒産である。

　発生主義会計は，一方では厳密な損益計算や原価計算にとってなくては
ならない認識基準ではあるが，他方，資金計算の側面からは大きな矛盾を
孕んだ両刃の剣ともいえる計算技法でもある。こうした問題を解決するた
めに登場するのがキャッシュ・フロー計算書である。今日では，キャッシ
ュ・フロー計算書は，貸借対照表や損益計算書と並んで基本財務諸表に加
えられ，上場企業など証券取引法におけるディスクロージャー制度の対象
企業ではその作成が義務づけられている。

　発生主義によって求めた当期純利益と実際の手持ち現金との間の落差は，
損益計算上では商品を売り上げた時点で収益に計上するが，その売掛債権
を実際に現金で回収できるのは後日であるために生じる現象である。売上
と回収の時期にズレがあるからである。その結果，貸借対照表では，資産
と負債の差額として純資産が示され，前期のそれとの差額が損益計算書の
利益と等しくなるが，そこで求められた利益額が手元現金在高を示してい
るとは限らない。利益として計算された額が売掛債権や売残商品（在庫）

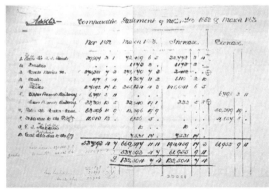
ダウライスの比較貸借対照表1

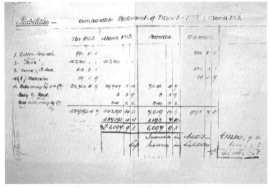
ダウライスの比較貸借対照表2

として保有されている
のであれば，財務諸表
上では利益があって
も，手元には現金がな
いことになる。財務諸
表上で利益が表示され
ているからといって，
必ず現金があるとは限
らないのである。

　この矛盾を解消する
ために考案されたの
が，キャッシュ・フロ
ー計算書の萌芽である
比較貸借対照表であ
る。われわれは，それ
をイギリスのウェール
ズのダウライス製鉄会
社が1852年11月と1863
年３月の２時点の資産
と負債を一覧表として

作成した財務表に求めることができる（渡邉［2017］138-139頁 図表5-1）。
この19世紀後半に利益の行き先を求めて発案された比較貸借対照表は，19
世紀末から20世紀前半にかけてアメリカに接ぎ木され，やがて運転資本計
算書から財政状態変動表に，次いで現金収支計算書へとその姿を変えなが
ら，今日のキャッシュ・フロー計算書に進化し，基本財務諸表の一つに加
えられていく。いつの時代でも，金銭の出納管理が何にも増して重要であ
ったであろうことは，容易に想像できる。

2 行き過ぎた投機熱と南海泡沫

■戦費で膨らんだ国の借金の解決策

　話を少し巻き戻すことにする。17世紀のヨーロッパの経済は，戦乱も多く，一般的には不振であったといわれている。しかし，東インドとの香辛料を中心にした貿易は継続的に行われ，18世紀を迎えると，消費経済にも多様化が進み，漸次，回復の様相を呈してくる。それに伴い，イギリスとアメリカとの間の大西洋を中心にした貿易が，世界を巡る市場を形成していく。

　当時の戦乱の一つに，スペインの王位を巡るスペイン継承戦争（1701-1714）があげられる。その実態は，フランスとイギリスの植民地の領土拡大を巡る対立，オランダと植民地の拡大を狙うイギリスやフランスとの対立，王位継承権を巡るオーストリアのハプスブルク家とフランスのブルボン王朝の対立，カソリックのスペイン・フランスとプロテスタントのオランダ・プロイセン・イギリスとの対立による宗教戦争といった，様々な要因が錯綜した極めて複雑な様相を呈した争いであった[7]。

　このスペイン継承戦争で費消した膨大な戦費や宮廷の奢侈によって乱費された資金を賄うために，時のイギリス政府は，多額の公債を発行した。その結果，発行した膨らみ続ける公債の金利の支払のために，国家財政は，窮地に追い込まれる。その対応策として考え出されたのが，1711年の南海会社の設立であった。

　こうして，イギリス政府の財政再建のために設立を許可されたのがかの南海会社であった。設立時の資本金総額は900余万ポンドであったが，す

7　長島［1987］22-26頁。

ぐに1,000万ポンドに増額されている。この資本金の額は極めて巨額で，当時の東インド会社，アフリカ会社，イングランド銀行の資本額の合計を遥かに超えていたといわれている[8]。

イギリス政府は，この南海会社に植民地貿易，とりわけ南アメリカの貿易に関する一切の特権を付与し，設立の資本には，膨大な数量の発行によって実質的にはほとんど無価値に等しくなっていた公債を充てることにした。その結果，国家による保証と国の勅許によって設立された独占企業に対する利益への期待に拍車がかかり，投機熱は，いやが上にも膨んでいった。その結果，無価値に等しかった株価は吊り上がり，瞬く間に額面価格の10倍から10数倍にまで跳ね上がり，投機熱は最高潮に達したといわれている[9]。わが国でも経験した，1980代後半から1990年代冒頭まで続くいわゆる不動産バブルを思い出す。

こうした好成績に気をよくした南海会社は，1719年にイングランド銀行と東インド会社が有する国債を除き，その他のすべての国債3,100万ポンドを引き受けるのを条件に，ヨーロッパ以外のあらゆる貿易の独占権を申請した。この計画は，当初イングランド銀行の反対にあったが，最終的には同銀行と一緒になって，政府高官への賄賂とともに，750万ポンドを政府に献金し，最終的にはこの要求を実現させていった[10]。

■ 南海会社の設立と目的

南海会社の設立目的は，戦費調達や宮廷の乱脈による多額の財政赤字を解消するためであった。発行された巨額の公債を南海会社の株券と交換させ，借金漬けになっていた国の財政を立て直そうという，ある意味では禁

---

8 星川［1960］188頁。

9 本間［1963］25頁。

10 本間［1963］31頁注11。

じ手でもあった。

　時のイギリス政府は，1719年に多額の国債を引き受けた功績によって，南海会社にアメリカへの三角貿易の特権を付与する。この三角貿易は，イギリス・フランスと西アフリカ，そしてアメリカ・西インド諸島との3カ所の間で提携した貿易の取引構図で，その実態は，奴隷貿易であった[11]。

　そもそも，イギリスの西インド諸島への進出は，弱冠23歳で即位したエリザベスⅠ世の治世下（在位：1558-1603）で，かのフランシス・ドレイク（c.1543-1596）がスペインの無敵艦隊を撃破し，イギリスの世界的地位を向上させた頃に遡ることができる。エリザベスⅠ世の後で即位したジェームスⅠ世（在位：1603-1625），チャールズⅠ世（在位：1625-1649），ピューリタン革命（1642-1649）を経てオリバー・クロムウェル（1599-1658）によるイギリス最初の共和制，わずか10年の時を経て王政復古によってチャールズⅡ世の即位（1660-1685）へと続いていく[12]。彼の治世下で，ペストの大流行（1665）やロンドン大火（1666）を経験する，まさに激動の時代であった[13]。

　話を戻すことにする。17世紀後半から18世紀にかけて，三角貿易の取引内容は，イギリスから様々な工業製品や日用品をアフリカに持ち込み，その対価として黒人奴隷を強制的にアメリカや西インド諸島に送り込み，そこからタバコや砂糖やコーヒーを，またアジアからは綿布や絹といった織物をイギリスに持ち帰り，膨大な利益を獲得する。構図的には，「イギリス本国（毛織物，インド綿布，火器，金属製品，酒など）→西アフリカ（奴隷）→西インド（砂糖，糖蜜，タバコ，染料など）→本国を結ぶ貿易が形づくられた[14]」。

　株券と公債との交換によって，国債の所有者は，南海会社の株主になっ

11　大野真弓編著［1973］495-504頁。

12　大野真弓編著［1973］488-495頁。

13　この間の事情については，西村［1966］第2章を参照。

14　大野真弓編著［1973］498頁。

たため，株の暴騰によって莫大な利益を手に入れることになる。これによって南海会社は，巨額の利益を手にしていった。先に述べたように，この南海会社の巨額の利益によって，イギリス政府の公債は，当然のことながら膨大な利益配当によって回収され，南海会社の株主もまた多くの配当や株式の売却によって多額の利益を手にしていく。この南海会社の投機熱にあおられ，次々と新しい株式会社が設立されていく。中には，全く事業実体のない名前だけの株式会社も登場してくる。それにもかかわらず，多くの人がわれもわれもと新たに設立された株式会社の株を購入し，株価は，うなぎ上りに上昇していった。まさしくバブルである。

■ 南海泡沫とその影響

　投機熱に踊らされ，金欲のとりこになって投資に手を染めた多くの人たちは，この奴隷貿易の悲惨で非人道的な実態を知ることなく，そこから得られる膨大な利益に満足し，物質的に満たされた生活を享受したのであった。人の世としてあってはならないこの奴隷貿易の廃止運動がようやく実を結び始めるのは，19世紀の半ばまで待たねばならない。

　投機熱に侵された人たちは，一獲千金を狙い，これまでの厳密な許認可による勅許会社ではなく，伝統的な衡平法（エクイティ）（イギリスの厳格なコモン・ローの欠陥を救済するために発達した裁量的な法原理）による信託制度を利用して，われもわれもと新たな会社を立ち上げようとした。彼らは，普通法上では組合としての処遇しか与えられない不利益を回避するために，正規の法人格を取得することのないままに，次々と新たな会社を設立していく[15]。こうして設立された擬制会社のうちには，設立の当初から詐欺を目的としたものや，実体のない怪しげな会社も多く含まれ，まるで泡沫のごとく次々と設立され，投機熱に一層の拍車がかけられていく。なお，ここでいう泡

15　本間［1963］46-48頁。

116

沫会社とは，①不健全な目的で設立され，欠陥を持った成功の可能性のほとんどない会社，②設立目的とは異なる誤った経営方針で失敗の可能性の高い構造を有した会社，③当初から詐欺や不正目的で設立された会社，の３種類の会社ないしは

ウィリアム・ホゥガース版画「南海泡沫」

組合を指している[16]。こうした実体のない会社が倒産するのは，当然といえば当然のことである。その結果，1720年には株価は暴落し，多くの株式会社は泡沫のごとく倒産し，投機熱に酔いしれた多くの人々が，莫大な損害を被ることになる。南海泡沫事件（1720）である。

　こうした事態を憂慮したイギリス政府は，急遽，泡沫条例（1720）を制定し，この経済的な混乱を鎮静化させようとした[17]。この条例の目的は，もちろん行き過ぎた投機熱によって引き起こされた経済恐慌を治めるためのものであったが，もう一方では，本来正規の許認可という一種の特権を取りつけた支配階級の勅許会社がそうでない擬制会社によって被る不利益を回避するために制定された特別法でもあった。その結果，泡沫条例は，イギリスにおけるその後の新会社の設立に大きな足かせになっただけではなく，その後の１世紀近くにもわたり，会社の発展を阻害し，ひいてはヨーロッパ諸国との覇権争いに後塵を拝する要因にもなった。

16　本間［1963］96-97頁。
17　星川［1960］230-235頁。

3

法規制による信頼の回復

■ 産業革命前夜の改革

　1714年に最後のイングランドおよびスコットランド王国の君主となり，1707年の英蘇合併に伴い最初のグレートブリテン王国の君主となったアン女王（1665-1714）の急死を受け，ジョージ I 世（1660-1727）が王位につき，ホイッグ党が政権を掌握する。この時代に，イギリスは，商業や工業，あるいは海外貿易が活発に展開される。しかし，行き過ぎた投機熱は，南海泡沫（1720）という悲惨な結末を迎え，株に投資した多くの人は，莫大な損失を被り，投機熱は一気に冷めていった。そうした状況の中，ホイッグ党に代わって政権を掌握したのがロバート・ウォルポール（1676-1745）である。とりわけ，フランスとの重商主義競争は熾烈を極め，この難局を乗り切るための産業復興政策として，株式会社の資本調達を容易にするための様々な改革が法と実務の両面で試みられた[18]。

　17世紀から18世紀にかけてのイギリスは，これまでの荘園中心の経済から都市中心の経済に移行し，大西洋を中心に世界の市場が形成されていく。さらに，18世紀後半から19世紀前半にかけては，産業革命の進行とともに，世界市場は，単にアメリカ大陸や西インド諸島に止まらず，アジア，オーストラリアにまで拡大していく。

　とりわけ，イギリスは，フランスとの激しい重商主義競争に勝ち抜くために，何よりも国家の総力をあげて，国富を豊かにすることが要求される。そのためには，何よりもまず，民間の活力を生かすことが前提になる。企業を興し，多くの資金を市場に循環させることが急務となる。こうした状

18　長島［1987］17頁。

況に対応するため，一方で，新たな起業の足かせになっていた泡沫会社の設立を規制した法律，泡沫条例（1720）を廃止することから手をつけた。1825年6月についに泡沫条例廃止法を発布し，1844年の会社法の制定に向けて法整備を進め，準則主義を確立していくのである[19]。それに合わせて，もう一方では，企業が開示する財務諸表の信頼性を企業外部の会計の専門家によってチェックさせる監査制度の整備に着手する。今日の公認会計士による監査の始まりである。こうして，イギリスは，やがて訪れる世界の覇者への階段を駆け上るための法的かつ経済的な整備を確実に施していく。

1844年登記法の制定と意義

泡沫会社の廃止条例によって会社の設立が容易になると，制定当初は，また投機熱時代のように怪しげな会社が登場し，大きな損害を被るのではないかという警戒心が投資に二の足を踏ませていた。廃止条例を施行したからといって，必ずしもそれが直ちに民間からの投資を活性化させるものではなかった。人の心というものは，南海泡沫事件のトラウマからそう簡単に脱することができるものではない。これによって，多くの会社がまるで泡沫のごとく南海の海に消え去ったが，会社組織に対する不信感は，18世紀を通じて消えることがなかったといわれている。株式会社の発展にとって「容赦なき後退」の時期となった[20]。

この解決策として処方されたのが，先に述べたように，新たに企業登記の法律を制定して，先ず最初に新会社への投資の安全性を法的に保障することであった。こうして登場したのが1844年の登記法（会社法）である。この法律の特徴は，会社設立の最低条件として，第1に社員数によって閉鎖的なパートナーシップと公開されたジョイント・ストック・カンパニー

19　星川［1960］248,259頁。
20　星川［1960］234頁。

119

（25人以上）とを法律上区別し，第2に会社設立の許認可に際し，これまでの勅許会社や特別法上の会社とは異なり複雑な手続きを必要としない簡単な登記によって認可される方式に変更し，第3に詐欺に対する救済策として公示主義を徹底した点にある[21]。加えて，企業の不正防止のために貸借対照表の作成を義務づけている。会計の信頼性を取り戻すためには，極めて有効な決断であった。第2にあげた特質は，国王の許認可という特許主義の煩わしい手続きなしに，報告書を提出し定められた要件を充足すれば法人格を取得できる準則主義への変更を示したもので，これが登記法と呼ばれる根拠になっている。

　この1844年登記法こそが株式会社の整備と充実を図り，経営者の会計責任の履行を義務づけたイギリス最初の会社法である。具体的には，複式簿記によって日々の取引を正確に記録し，半年ごとに貸借対照表の作成と株主への送付，ならびに株主総会での開示を義務づけ，毎年総会で選任する1人以上の監査役による会計監査の充実を図った。監査役は，貸借対照表受領後14日以内に監査報告書を提出しなければならない[22]。その目的は，投資の安全性の確保と株主保護にあった。

　1844年登記法では，損益計算書の作成については，何の要求もしていない。ただし，1845年6月14日から1846年12月31日までの1年半にわたるロイヤル保険会社の貸借対照表や1845年12月12日から1846年10月31日（恐らく30日のミスプリントであろう）にわたるロンドン市生命保険協会の貸借対照表では，損益計算に代わる収支計算の明細書も一緒に掲載されている[23]。

　1844年登記法で対象にされる企業は，25人以上のパートナーを要する比較的大規模な会社であり，具体的なモデルとなったのが特別法にもとづく会社や従来の勅許会社であった。ただし，それ以外の出資者の企業に対す

21　星川［1960］260頁。
22　星川［1960］263-264頁。
23　千葉［1991］74頁の綴じ込み表。

る責任は，無限責任制が一般的であった。そのため，この時点ではまだ，株式会社の最大の特質である株主の有限責任制が確立していたわけではなく，株主間で多くの不満がくすぶっていた[24]。無限責任のままでは，一般の株主は，どうしても投資を躊躇せざるを得ないからである。

1855年有限責任法

こうした状況下では，一般の産業部門で登記した会社は極めて限られ，個人ないしは同族企業かせいぜい地域の有力者，ないしはそれらの人を集めたパートナーシップが中心であった。その結果，会社の設立は敬遠されがちで，提出された会計書類に対する信頼性もそれほど高くはなかったといわれている。新たな登記法の施行も意図したほどの効果が得られなかったのが実情であった。そこで，10年の時を経て，改正法が公布された。それが株主の有限責任を法的に規定した1855年有限責任法である。

出資者に対する有限責任の法的規定は，国内資本の海外流出を防止するためにも極めて重要であり，急を要した事案でもあった。したがって，株主の無限責任制を残した1844年登記法のままでは，ヨーロッパ諸国との国際競争に打ち勝つには，不十分といわざるを得なかった。なぜなら，有限責任制度こそが民間の遊休資本を調達する最善の方法と見なされていたからである。当時のイングランドの人々は，比較的潤沢な資本を有し，かつ企業心も旺盛であったといわれている。そのため，1855年の有限責任制度は，彼らの貯蓄を投資に向けさせるのに極めて有効であった。

この有限責任法は，19条からなり，次の条件を満たして登記したときに，法人格を認めるとしている。①額面10ポンド以上の株式を有する25名以上の株主が設立証書に署名，②名目資本の4分の3以上の引き受けがあり，その引受額の20％が払込済みになること，③会社の末尾にLimitedをつけ

----

24 星川［1960］267頁。

る，④監査役の任命については商務省の承認を義務づける，の４点である[25]。もちろん，有限責任制度の導入に伴い，債権者が不利益を被らないように保護する規定も設けられている。

　この1855年有限責任法は，わずか１年をもって改訂され，翌年に近代的な会社法として整備されることになる。改訂にあたっては，次の２点に重点が置かれた。第１は，設立登記の手続きの一層の簡便化，第２に会社に対する一切の制約の排除，である。特に第２に関しては，微細な詐欺や不正を排除するあまり，厳格過ぎる制約を設けるとかえって大多数の誠実な株主を排除する結果になり，健全な会社の経済発展を阻害することになるというのである。こうして1856年会社法が貸借対照表の雛形（次頁・図表１）を携えて制定される。

■1856年会社法における貸借対照表の雛形

　1856年会社法は，1855年法を包括した116の条文と付表付則等からなり，近代株式会社法に相応しい内容を持ったものになった。これによって，会社の設立手続は，見違えるほどに簡素化された。まず，少なくとも１株以上を有する発起人の７名以上が定款に署名することで登記が承認される。会社の任意規定としては，株式，株式の譲渡，失権，増資，株主総会，取締役の権限，資格，専任と解任，取締役会の運営，配当規定，会計と監査関連規定等があげられている。

　会計に関しては，複式簿記にもとづいて会計帳簿を作成し，株主総会の３カ月前までに損益計算書に該当する収益勘定表（収支計算書）を毎年１回作成し，株主総会に提出することが定められた。貸借対照表は，株主に株主総会の７日前までに登録された住所に送付することも義務づけられて

25　星川［1960］269頁。

図表1　1856年会社法付則Bで例示された貸借対照表の雛型

借方　　　　　　　　　　貸借対照表　　　　　　　　　貸方

資本金および負債					不動産および資産				
Ⅰ．資本金		表　示	l.s.d.	l.s.d.	Ⅲ．会社の所有財産		表　示	l.s.d.	l.s.d.
	1	株主払込総額				4	不動産		
		(a) 発行総株式数					(a) 土地		
		(b) 1株当たりの金額					(b) 建物		
		(c) 未払込金があるとき，その理由と未払者の氏名。取締役および役員の場合は別記				5	(c) リース資産　動産		
							(d) 商品		
							(e) 機械　積立金や損益に課した減価償却費を控除した価格		
		(d) 特定の失権株式							
Ⅱ．債務，その他の負債		表　示			Ⅳ．債権		表　示		
	2	抵当権付借入金または社債				6	優良な手形とその他の有価証券		
	3	債務の総額				7	有価証券以外の回収可能な債権		
		(a) 引受済み債務				8	貸倒懸念債権と不良債権　取締役および他の役員に債権がある時は別記		
		(b) 在庫確保のための買掛金							
		(c) 法的な支出に対する債務							
		(d) 未払社債利子と未払利息			Ⅴ．現金および投資		表　示		
		(e) 未払配当金				9	投資の種類と利子率		
		(f) その他の債務				10	現金と利息を含む銀行預金		
Ⅵ．積立金		表　示　偶発債務による利益から生じた積立総額							
Ⅶ．損益		表　示　分配のための処分可能残高							
偶発債務		債務と認識されていない要求　偶発債務になる金銭							

(Edward [1980]，p.23)

123

いる[26]。貸借対照表の作成は，すでに1844年登記法で規定されているが，スコットランドにまで広げられた最初の会社法である1856年法で初めて，図表1のような，通常の形態とは貸借が逆になったいわゆるイギリス式貸借対照表の雛形が提示された[27]。

■ イギリス式貸借対照表の貸借逆方式

　図表1から明らかなように，1856年会社法に提示された貸借対照表の雛形は，借方に負債と資本，貸方に資産が記載され，通常われわれが目にする貸借対照表の借方と貸方が左右逆に記載されている。いわゆるイギリス式貸借対照表である。

オランダの数学者ステフィンの精算表

　この借方と貸方が左右逆に記載される貸借対照表の最も初期の事例に，1671年のロンドン東インド会社の半公開貸借対照表と1696年のイングランド銀行の公表貸借対照表をあげることができる。この通常の貸借対照表とは貸借が逆に表示されるイギリス式の原型は，貸借対照表ではないが，精算表の萌芽として位置づけられるオランダの数学者シーマン・ステフィンの『数学的回想録』（1605）に例示されている状態表があげられる。この詳しい内容については，拙著『決算会計史論』（1993）

---

26 山浦［1993］26-29頁。

27 Edward［1980a］p.23.

124

で詳述しているので，興味のある方は，参照されたい。

　なぜ貸借が左右逆に表示されたかについては，次のような説明がなされている。貸借対照表は，その作成者（経営者）が株主に開示するための報告書であるため，事業主を主語にして作成すると，貸付金（資産）は，経営者が貸主になるためを貸方に，借入金（負債）の場合は，その逆で，経営者が借主になるので借方に記帳する。それに対して，日常の仕訳記帳では相手を主語として記帳するため，貸借が反対になる。これが，イギリス式貸借対照表で貸借が左右逆に記帳される理由といわれている。ただこのイギリス式貸借対照表の貸借逆記帳は，貸借対照表だけに見られるもので，日常の取引記帳は，通常の大陸式簿記に見られるように，借方を左に貸方を右に記帳する方式で記帳されている。

■1856年会社法の損益計算書規定

　貸借対照表について述べてきたが，では企業の損益計算にとって肝心かなめの損益計算書については，どのようになっていたのであろうか。1856年会社法の第70条では，少なくとも年1回，3カ月以内に収支計算書を作成し，それを株主総会に提出しなければならないとしている。この収支計算書には減価償却費等も計上され，単なる現金収支計算書ではなく，実質的には損益計算書の前身と見なすことができる。貸借対照表の最初の法規定が1844年登記法にあるため，実質的な損益計算書の作成規定は，12年の遅れということになる。しかし，名称を収支計算書ではなく厳密に損益計算書として作成を義務づけたのは，会計と監査規定に関する最初の世界的規範といわれる1929年会社法まで待たなければならない。貸借対照表よりも遅れること85年にもなる。しかし，会計学の損益計算構造を支える複式簿記がフローとストックの2面からの損益計算として完成したことを考えると，貸借対照表と損益計算書の制定の間に，これほどの長い期間的なズレがあるのには，たとえ名称だけのことだとはいえ，違和感が残る。

一つの解釈としては，1856年会社法は，1844年登記法や1855年有限責任法の不備を性急に改正した会社法であったため，いくつかの点で置き去りにされた改正箇所があったことと，実質的に損益計算書と同様の収支計算書の作成がすでに規定されていたため，名称は異なるが収支計算書があれば，特段に不具合はないと考え，損益計算書の規定が遅れたとの解釈もできる。いずれにせよ，両者の規程に85年もの差があるのは，損益勘定に含まれる企業の機密情報の開示に対する抵抗が強かったからと見做すのが妥当と思われる。ただし，実務的には，収支計算書（収益勘定表）が損益計算書の代わりを果たしていたために遅れたと解釈するのが妥当な見方であろう。

　この最初に貸借対照表の雛形を提示した1856年会社法も，それ程の時を待たずして，改正を余儀なくされている。1862年会社法によって，有限責任制としての近代的株式会社の法整備が完了し，以後これがイギリス会社法の礎石となる。そのため，1862年会社法は，株式会社に関するマグナ・カルタと呼ばれることがある[28]。

■ 1929年会社法における損益計算書規定

　企業損益に関わる計算書の開示は，実務上では1838年のロンドン・バーミンガム鉄道会社の収益勘定表や，法令上では1844年の銀行会社法や1845年の公益会社事業会社条例などに見られるが[29]，厳密な意味での損益計算書は，最初の法規定である1929年会社法まで待たねばならない。そこでは，第123条において，如何なる会社の取締役も，遅くとも会社設立後18カ月以内に，そしてその後毎年1回，定時株主総会の前に 損 益 計 算 書，あるいは営利活動を行っていない企業の場合には 収 支 計 算 書

28　星川［1960］272頁。

29　渡邉［2017］109-110頁。山浦［1993］160頁。

を作成し，初めての場合は会社設立後に，他の場合は株主総会後9カ月以内に，あるいは現在営業中または海外に利害を有する企業においては12カ月以内に，それらを作成しなければならないとしている[30]。

1929年会社法では，これまでの規定とは異なり，発生主義にもとづいて収益と費用の差額を利益とする損益計算書と現金の収入と支出の差額を記載する収支計算書を明確に区分している。その意味で，厳密な意味での損益計算書の作成規程は，1929年会社法まで待つことになる。しかし，損益計算書の雛型は，この時点でもまだ示されていない。鉄道会社を中心に，初期の損益計算書にあたる収益勘定表あるいは収支計算書がすでに18世紀の前半に作成されていたのは，見てきた通りである。

損益計算書ないしは損益勘定には，様々な企業秘密が含まれている。そのため，その全面的な開示には極めて慎重であった。これが損益計算書の開示を遅らせた最大の理由であったものと思われる。しかし，株主からの強い反発もあり，当初は極端に要約した内容で開示していたが，様々な妥協を経た後，先の123条のような規定がなされることになる[31]。こうして，1929年会社法の骨子は，1926年のグリーン委員会の勧告を受けて改正された1928年法を継承している。

産業革命期を中心に，会計実務からの要請を受けて会社法の整備が進み，それに呼応して新たな会計システムが作動していくことになる。典型的な事例として，財務諸表に対する制度設計の加速や新たな監査制度の考案，そうした新たな動向がやがて勅許会計士という専門的な職業会計士を誕生させていく。13世紀に発生した複式簿記は，19世紀を迎えて巨大な株式会社に適応する会計実務の中で，その擁護と規制を定めた法律に後押しされながら，ついに会計学への進化の階段を駆け上っていくことになる。

---

30 Edwards［1980a］pp.50-51. Edwards［1980b］pp.57-58.

31 山浦［1993］162-163頁。

4

勅許会計士の登場と会計学の生成

■史上初のスネルの監査報告書

　話を少し戻すことにする。南海泡沫事件の後処理を指揮したイギリス最初の首相と称される初代オーフォード伯爵ロバート・ウォルポール（1676-1745）のもとで，南海会社の贈収賄事件に関する報告書を被疑者の依頼に応じてまとめ上げたのがチャールズ・スネル（1670-1733）であった。彼は，キリスト病院で教育を受け，習字教師のトーマス・トファムの見習いとして働き，ロンドンのセントポール寺院のすぐ北にあったフリー・ライティング・スクールで36年にわたり勤め上げた[32]。この興味深いスネルの報告書は，公人や議会に対して書かれた「ソーブリッジ会社の帳簿の検証に関する所見」（1721）である。これが独立した会計人の最初の監査報告書の事例であるといわれている[33]。しかし，実際は，被疑者の反論を補足するための報告書であった。

　1721年1月，南海泡沫事件に関わる全体の事案を調査するため，下院に秘密委員会が設置された。その結果，ソーブリッジ社の帳簿に虚偽や架空の記帳がなされ，他の箇所では空白，あるいは記録の削除や改変があることが明らかになった。記録の削除は，議会の承認を得て企業債務の転換案を通すために，協力金として議員たちに少なくとも総額125万ポンドを支払ったことを隠すために行われた。いわゆる贈賄隠しである。

　この支払い方法は，現金の手渡しや株券の引き渡し等ではなく，株式の売却として記録されている。　株価が上昇したときにそれを売却し，それ

32　Bywater & Yamey［1982］p.137.

33　Parker［1986］p.4. 友岡他訳［2006］17頁。

128

によって得た利益を賄賂として支払った。時の財務長官であったチャールズ・スタナップの場合には，この総額が25万ポンドにも及んでいる。18世紀を通じて，一塊の食パンが約4ペンス，ビール1瓶が1ペニー（ペンスの単数形），パブでの食事が約1シリング6ペンスであったという。そこから推測すると，25万ポンドが驚くほどの高額賄賂であったことは，容易に推測される[34]。

スネルは，スタンホープに関連する会計帳簿について報告するために，スワード・ブライド銀行のソーブリッジ，ターナー，カスウォールの3人の取締役によって監査人に任命されている。スネルは，所見の中で，記帳が相互に相殺されているため，彼らの帳簿からだけでは，前述の25万ポンド，あるいは多くの利益が前述の資本勘定で処理されていたとは思われないと結論づけた[35]。このパンフレットには日付はないが，恐らく1721年のもので，本文に大きな違いはないが，恐らく二つの報告書であったであろうといわれている。

結論としてスネルは，ソーブリッジ社の帳簿につけられたスタンホープ勘定は，単に便宜的に設けられたものに過ぎず，実質的にはソーブリッジ社が保有する南海会社の株式を示す勘定であると説明した。すなわち，財務長官スタナップへの贈賄という不正は，不問に付したのである。

■ スネルの監査報告書の内容

スネルの報告書は，南海会社の株式の売買に伴う不正疑惑を解明するには不十分であったため，報告書が公表されるとすぐに，大判の印刷物による匿名の反対意見書が出された。それによると，調査対象の資料ではチャールズ・スタナップ（Charles Stanhope）と書かれている名前の箇所が実

---

34 ポーター著，目羅訳 [1996] xviii-xix頁。1ポンド＝20シリング＝240ペンス。

35 Bywater & Yamey [1982] p.140.

際にはチャールズ・スタンゲイプ（Charles Stangape）と書かれている点を指摘して，スネルの報告書の誤りを直ちに取りまとめている。

　調査のための極秘委員会は，元帳勘定の名前をスタンゲイプに変えることによって，取引をなかったものにしようとしたことにすぐに気付いたようである。というのは，元帳のインデックスには，スタナップという名前が残されていたからである。それにも拘わらず，スネルは，この点について何も記していない。また，匿名の著者は，例え記帳が虚偽であったとしても，スネル自身は，ターナー社が1719年3月から6月までスタナップの勘定に資金を振り込むことなく，手元にそれを保有していた事実をはっきりと提示すべきだったとも指摘している[36]。この匿名による片面刷りの大判紙の2番目の箇所では，南海会社の取締役の一人であるジョージ・キャスウォール卿に宛てて，「科目名のない勘定」についての意見が書かれている。なぜそれがスネルを攻撃することになるのかについては，何も明らかにされていない。

　いずれにせよ，スネルもキャスウォール卿も自分たちの主張を十分に納得させることができず，また日付のない匿名のスネルへの反論も解決に向けて問題を前進させることはできなかった。スネルの報告書は，今では非常に不完全なものと見なされ，同時代の人々からもそのように思われていたようである。なぜなら，スネルの報告書が正しいものであることを立証する根拠になるはずの下院の極秘委員会や一般議会の日誌には，その報告について何一つ言及されていなかったからである。その結果，スタナップが賄賂を受け取った点については必ずしも明確にされたわけではなく，無罪と見なされていたようである[37]。今日では，このスネルの報告書が最初の監査報告といわれている。

---

36 Bywater & Yamey［1982］p.140.

37 Bywater & Yamey［1982］p.140.

■ 監査役制度の起源はオランダ東インド会社

　今日の株主総会は，フランスを起源にしているといわれているのが，監査役制度は，オランダの東インド会社に端を発しているといわれている。株主総会で一般の出資者から選出された主要な出資者によって，取締役を監督し補助する目的で監査役制度が発達してくる。今日，監査の内容には業務監査と会計監査に分けられるが，前者がドイツ系の立法に多く見られるのに対して，後者はイギリスやフランスの立法がこれに属するといわれている。

　さて，イギリスは，南海泡沫事件の後遺症から一日も早く脱却し，世界の覇者に駆け上っていくためには，国をあげて，より一層の産業の育成が急がれた。その基幹産業の育成のため，可能な限り一般の人からの投資を拡大させ，多くの株式会社をサポートすることが必要になる。南海泡沫事件の後遺症が消えやらぬ状況下で，投資を拡大させるためには，何にもまして，投資の安全性と有利性を担保するための新たな法律や条例の整備が必要とされた。こうした背景のもとで，企業がまず初めに取りかかったのは，企業の財政状態や経営成績を帳簿とは別の紙葉に要約して，投資が如何に安全で有利であるかを周知させることであった。そのため，まず初めに，安全性の担保のために，会社法の制定を試みた。

　しかし，いくら法令にもとづいて作成されたといえども，開示される貸借対照表が信頼できる財務内容を提示するものでなければ意味がない。そこで，開示された貸借対照表の信頼性を何らかの方法で担保する必要が生じてくる。それが会計の専門家で，かつ企業と利害関係のない第三者によるチェック・システムであった。企業内部における監査役監査とは異なる，企業外部の職業的監査人による会計監査である。こうして誕生したのが会計監査制度であり，その監査の嚆矢がチャールズ・スネルの1721年の報告書であったことは，すでに述べた通りである。

　19世紀に入り職業会計人が登場してくると，これまでの単なる記帳技法

に過ぎなかった簿記に，その計算原理や構造，あるいは各帳簿や勘定間の関連についての理論的な説明が要求される。この要求に応えるためには，簿記の記帳技法の説明だけでは解決できず，新たな体系的な会計理論の構築が必要になってきた。こうして，記帳技法としての簿記が理論的体系を有する社会科学としての会計学へと進化していく。その進化を促した根幹が監査手続を通しての会計の信頼性の回復であった。会計監査は，まさしく南海泡沫事件によって揺らいだ会計の信頼を取り戻すための一つの手法であった。

■ スコットランドにおける会計士の登場

　イギリスで誕生する公認会計士制度は，南海泡沫事件（1720）のトラウマから脱却し，投資の安全性と有利性を証明するために，貸借対照表や損益計算書に虚偽や不正がないことを専門の第三者に担保させために登場する。今日の会計監査制度は，その是非は別にしても，スネルの報告書（1721）以降，会計監査の必要性が強調され，長い年数をかけながらも，徐々に整備されていく。

　18世紀後半から19世紀前半まで続く産業革命に伴う巨大な株式会社の登場によって，再び投資活動が活性化すると，そうした活動を積極的にサポートするために，会計監査のもう一方で，法的な整備として会社法の制定がなされてくる。1844年登記法（会社法）のもとで貸借対照表の作成が義務づけられる。財務の専門家である会計士による会計監査制度の整備は，こうした流れに応えるためのものでもあった。利害関係のない第三者に財務諸表の真実性を検証させる制度として生成したのが，職業会計士による監査，すなわち公認会計士による監査である。

　19世紀後半になると，投資がますます活性化してくる。それに伴い，会計士による会計帳簿の監査の必要性も一層増大してくる。こうした要求に応える形で，会計の専門家で構成された会計士の組合「会計士協会」が形

成される。イギリス最初の会計士協会は，1853年に設立されたエディンバラ会計士協会である。1854年10月23日には，国王より勅許を受け，これが世界最初の公認会計士協会になる。今日のスコットランド勅許会計士協会（ICAS）の前身である。ここに初めて，世界最初の会計監査を専門とする勅許会計士（公認会計士）という職業がイギリスで誕生する[38]。

　もちろん，中世イギリスの荘園時代においても，スチュワードと呼ばれる財産の管理保全と運用を任された執事や監査人と呼ばれる官吏が存在していたが，近世における企業の目覚ましい発達，とりわけ泡沫条例廃止法（1825）以降の株式会社の著しい発展は，会計の専門的知識を有した会計監査人と呼ぶに相応しい職業を次々と生み出していく。イギリスにおける勅許会計士制度は，会計の信頼性回復のために，財務諸表の真実性を検証する制度として生成していく。

▍勅許会計士以外の様々な会計士団体の乱立

　こうして誕生したスコットランドにおける初期の会計士は，会計士であると同時に弁護士協会の会員であることも多く，その信任された地位と見識によって政府の財務問題にも関与しつつ，会計上の監査を行っていた。会計監査に対する需要が増加するにつれて，アカデミーの教師やいくらか会計の知識を持った牧師や記帳係が会計監査の仕事を手がけるようになり，そうした者との差別化のため，正式に勅許を与えられた専門的な会計士協会が誕生する。

　それに伴って，正式に勅許を受けた協会以外にも多くの会計士の団体が生まれてくる。厳密には，こうした組織に属する人々を正式の監査人として位置づけることはできない。リトルトンは，こうした監査人を「封建貴族の世帯における中世紀的監査人と，自己の専門的知識をもって世間に名

---

[38]　渡邉［2017］123頁。

乗りをあげている今日の『勅許会計士』とをつなぐ中間的存在であった[39]」と位置づけている。しかし，こうした会計人の組織も徐々に市民権を得るようになる。

1766年の職業名簿には，純粋に会計士と呼ばれる職業覧はなく，代理商やブローカーや学校の教師等々との兼務として会計士という名がつけられていたに過ぎない。1850年までは，ロンドンを除けば（ロンドンでは210名），公然と会計士と名乗っていた人の数は100名にも満たなかったといわれている。しかしながら，1880年代になると，その数は急増して840人にも達し，多くの会計士協会がイギリス国内の主要都市に次々と設立されていく[40]。

■ 破産法が会計士業務に与えた影響

専門的な職業会計士の登場は，少なからず経済的恐慌とその対応のために制定される破産法との関係が色濃く影響していたといってよかろう。1720年の南海泡沫事件や1825年の破産法以降，恐慌の発生のたびに，破産法がしばしば改正公布される。

1849年の破産法によると，その第150条において，破産者が裁判所の指示に従って作成した貸借対照表や勘定を整備し，そこに記帳されている内容が真実であることを誓約させ，破産者の財政状態と政府が選んだ管財人の収支報告を法廷で公表することを義務づけている[41]。しかし，この1849年破産法は，いくつかの欠陥を有していたので，1861年に改正されている。その結果，政府によって選ぶ管財人制度は廃止され，債権者の選ぶ管財人が破産財産に伴う会計報告書を作成し，時には債権者の管財人になり，ま

---

39 リトルトン著，片野訳［1995］381頁。

40 リトルトン著，片野訳［1995］381-384頁。

41 リトルトン著，片野訳［1995］392頁。

た時には破産者の受託者となって，監査人としての会計業務を拡大させていった。とりわけ，1869年の破産法以降，債権者は，一般的な破産よりも協議による清算の道を選択するようになったといわれる[42]。

19世紀のイギリスは，経済的には繰り返し経済危機に襲われ，1856年から1883年のおよそ四半世紀の間に登記された有限責任会社13,577社のうち，3年以内に破産したのは25%に及び，10年以内では55%にもなっている。そのため，1862年の会社法では，官選清算人の職を設け，これに会計士が任命されている。19世紀の会計士の主たる任務は破産関係業務が中心で，会計監査の仕事は，ほとんど重視されなかったようである[43]。

エディンバラ新市街地にあった旧IACASの正面入口

しかし，こうした状況は，破産に伴う紛争解決のために自称会計士と名乗る必ずしも会計的な専門知識に熟達していない人たちを数多く登場させ

ICAEWの正面入口（ロンドン）

---

42 リトルトン著，片野訳［1995］393-394頁。

43 Parker［1986］pp.10-11. 友岡・小林訳［2006］28-29頁。

ることになる。その結果，会計士の信頼が損なわれてくる。そのため，会計士協会を設立し，厳格な試験によって専門的な会計的知識に精通した信頼できる会計士を輩出していく工夫がなされるようになる。こうして，政府公認の勅許会計士協会が設立される。その代表的な団体が今日のICASでありイングランド・アンド・ウェールズ勅許会計士協会（ICAEW）である。

■イングランドにおける勅許会計士協会

ICASに遅れること四半世紀，1880年にICAEWが国からの勅許を受け，ロンドンに事務所を構える。スコットランドに続きイングランドにも，公認会計士協会がヴィクトリア女王の治世下（在位1837-1901）で誕生することになる。本格的な勅許会計士の誕生である。イングランドでは，先に述べたように，会計の専門的な知識を持たない不適切な会計士を排除するため，厳密な試験を課し，それに合格した者だけに，監査業務が担当できる特権を得るシステムを設定した。しかし，他方でこの特権が新たな問題を生じさせてくる。如何に良策と思われる手法でも，必ずといっていいほど，そこには光と影が存在するのである。

ICAEWは，設立後も長き期間にわたり，法的に与えられた特権によって，上場された株式会社の監査業務を法的に独占してきた。そのため，他の多くの会計士の集団から強い反発を受けることになる。時代はかなり下るが，1930年には対抗組織として組まれたロンドン会計士協会（LAA）が公認会計士として株式会社を監査する法的権利を獲得することになる。その結果，勅許会計士による監査業務の法的独占が漸次消滅していく。その後，1933年にLAAは，イギリスのその他の地域の勅許会計士以外の会計士団体を吸収する形で拡大し，1971年に名称を公認会計士協会に変更し，1974年にはイギリス女王より勅許を受ける。協会名も勅許公認会計士協会（ACCA）と改め，正式に勅許公認会計士という資格を得ることになる。

こうして会計の分野ご
とに公認の会計士団体
が誕生してくる。今日
では，権威ある代表的
な 協 会 の I C A S や
ICAEWの他にも，先
のACCAや勅許管理会
計士協会（CIMA）や
勅許公認金融会計士協
会（CIPFA）といった

旧市街にあるエディンバラ国立図書館

様々な団体が存在している。

　イギリスの会計士制度は，日本のように全国統一の国家試験によって会
計士の資格を与えるシステムではないため，イギリス国内にいくつもの会
計士協会が存在し，各協会ごとに試験を実施し，会計士として任用してい
る。そのため，所属する会計士協会によって会計士のレベルにバラつきが
生じてくる。イギリスでは，ICASとICAEWが最も権威ある会計士協会と
して認知され，そこに属する会計士が最も優秀で信頼のおける会計士とい
われている。

　企業は，資金の調達を目的にして，投資の安全性と有利性を担保するた
めに財務諸表を開示するに至ったが，イギリスの監査制度は，企業の信用
拡大とか経営効率のチェックという観点からではなく，株主が取締役に委
託した権限をしっかりと果たしているか否かを検査する手段として発展し
てきたといわれている[44]。

　余談ながら，ロンドンのICAEWには，16世紀から19世紀にわたる貴重
な古典簿記書が今も地下の書庫に多数保管されているが，ICASが保管し
ていた多くの古典簿記書は，今はエディンバラの旧市街にある国立図書館

---

44 リトルトン著，片野訳［1995］410頁。

に移管されている。

■アメリカにおける職業会計士の登場

　アメリカ公認会計士協会（AICPA）の前身であるアメリカ最初の職業会計士団体であるアメリカ公会計士協会（AAPA）が設立されるのは，1887年8月20日のことである。イギリス最初の職業会計人によるエディンバラ会計士協会の設立より遅れることわずか34年である。初期のアメリカで職業会計士の役割を担ったのは，そのほとんどがイギリスに国籍を置いたままの人かイギリスから移民した人たちであった[45]。

　このアメリカ最初の公会計士協会であるAAPAの設立17年前の1870年には，すでにニューヨークやフィラデルフィアやシカゴで合計28名が会計士として登録されていたようである。イギリスからの移民ウィリアム・H・ヴェイシーが専門的会計士としてニューヨークで事務所を開設したのは，1866年である。1886年には息子とともにヴェイシー・アンド・ヴェイシー会計事務所を開設している。また，AAPAの初代会長になるイギリス人ジェームス・ヤルデンもその設立の11年前の1876年に，個人の会計事務所を開設している。

　ニューヨークの南西フィラデルフィアでも多くの会計事務所が開設された。アメリカ会計士業界のパイオニアといわれているジョン・ハインズが1877年に会計事務所を開業し，そこにはロバート・H・モンゴメリーも入所している。また，『勘定の哲理』で著名なチャールズ・E・スプレイグも1882年にニューヨークで設立された会計協会（IA）の会員に登録されている。AAPAが設立される前年の1886年には，ニューヨーク，フィラデルフィア，シカゴといった西海岸でも，それぞれ45名，33名，6名の合計

45　千代田［1994］12-13頁。

84名の会計士が登録されていたといわれている[46]。

■ 公認会計士法の成立

　先のAAPAは，全米初の職業会計士団体として，当初正会員24名，準
会員7名によって結成されている。しかし，その後は，ほとんど主だった
活動はしていなかったといわれている。イギリスとは異なり，国家から信
用を付与されることがなく，むしろ個人の信用力によって監査業務を勝ち
取っていたのが原因であろうか。公権力と比べて個人の力には，どうして
も限界が横たわるのが常である。

　1890年代に入ると，例えば新たに会計を専門とする大学を設置しようと
する動きが出てくるように，会計士という職業が広く認知されてくる。し
かし，まだ具体的な成果を得るまでには至っていない。1896年4月17日に
なってようやく，全米初の公認会計士法がニューヨーク州で成立する。こ
の法案は，有能な会計士としての一定の基準を満たした者に公認会計士
（CPA）という称号を付与したものである。同年，ニューヨーク州の公認
会計士協会は，試験を実施し，合格者56名のうち24名の参加を得て，翌年
の1897年に設立される。初代会長には，C・W・ハスキンズが選任されて
いる。ペンシルヴァニア州も3年遅れで公認会計士法を制定し，メリーラ
ンド州やカリフォルニア州も相次ぐことになる。こうして，アメリカにお
ける公認会計士制度も少しずつではあるが，整備されていく[47]。イギリス
と同様，アメリカでは各州ごとに公認会計士が認定され，わが国のように，
国として統一した資格を有する会計士が誕生したわけではない。

　会計学の存在意義を示す一つの方策として，投資の安全性と有利性を具
体的な数値で表す財務諸表の必要性と信頼性を明確にすることがあげられ

46　千代田［1987］3-4頁。

47　千代田［1994］17-18頁。

る。この財務諸表の信頼性を担保するために，一方では，国をあげて会社法等の法整備を行い，他方では，会計の専門家による協会を立ち上げ，信頼できる会計士によって企業の財務内容をチェックする監査制度を整備することが望まれた。当初は，この会計監査も破産関係業務が中心であったが，漸次実質的な監査業務へと移行し，会計の信頼性を国をあげて確実なものにしようとする試みが展開されていく。

　13世紀の初めに誕生し，遅くとも14世紀半ばには完成した複式簿記は，神に誓って不正がないことを主張してきた。しかし，19世紀を迎え，簿記が会計学へと進化する過程で，南海泡沫事件によって失われた肝心かなめの信頼を再度取り戻そうとする試みが，2世紀近くもの年月をかけて行われていくことになる。

　この信頼性を確保するための方策が会社法の制定であり，勅許会計士による監査制度の制定であった。いずれも，単なる有用性ではなく，会計の根幹である損益計算の信頼性を担保するための法整備であった。本書において著者が提案する意思決定有用性アプローチから開示情報信頼性アプローチへの転換のように，この時代にも一度，有用性から信頼性を取り戻すパラダイム転換が行われていたのである。最終章で詳しく述べるが，人によって様々に異なる有用性アプローチでは，決して多くの人に共通する汎用的な基準や制度設定は，不可能に近く，信頼性を勝ち取ることなど，所詮無理な相談である。会計に携わる者は，この点を再確認することが肝要である。

第 5 章

歴史研究の意義と役割

1 フーコーが会計史研究に与えた影響

■ 歴史を研究する意義

　本書の目的は，会計が果たす役割と責務について，会計の損益計算構造を支える複式簿記を誕生させた13世紀のイタリアに立ち返り，時代の流れに棹さすことなく，正面から向き合って考えていくことにある。今日の会計がわれわれの生活にどのように関わり，どのような役割と責務を果たしているのかについて，歴史というフィルターを通して分析し，現代会計学が進もうとしている方向に批判のメスを加えるのが目的である。歴史は，現在の審判だからである。

　2020年春から世界中を襲い，感染と死の恐怖とともに経済生活を崩壊に導く新型コロナウイルスは，瞬く間にパンデミック（世界的流行）を引き起こし，今まさに不安と錯乱で世界中を恐怖に陥れている。かつて，古くはペストやスペイン風邪，近年ではエボラ出血熱（1976/6）やSARS（2002/11）・MERS（2012/9）の経験で得たはずの叡智をほとんど生かすことができていない状況に，言葉を失くしてしまう。歴史を忘れたところに，悲劇は繰り返す。

　著名なイギリスの歴史家E・H・カー（1892-1982）は，1961年にケンブリッジ大学で行った講演「歴史とは何か」において，次のように語っている。すでに序章で述べた所であるが，ここで今一度彼が問い掛けた言葉を引用して，歴史研究の意義を再確認しておきたい。「歴史とは歴史家と事実との間の相互作用の不断の過程であり，現在と過去との間の尽きることを知らぬ対話なのであります[1]」。このあまりにも有名な「歴史は現代との

1　カー著，清水訳［1962］40頁。

対話である」とのフレーズは，歴史研究が単なる過ぎ去った過去の研究で
はなく，現在との対話を通して現在に生かせていく研究であることをわれ
われに教えてくれる一文である。予測や推論とは異なる，歴然たる事実と
して確かめられた過去の事象に対峙することの大切さへの自覚である。今
現在を生きているわれわれが，過去に生じた歴史的事実を単に過去の出来
事として捉えるのではなく現在に取り入れ，生かしていく。ここにこそ歴
史を研究する意義が存在する。われわれがあたりまえと受け止めている現
在の事象に，過去というフィルターを通して，改めて問い直す機会を与え，
修正への道筋を示してくれるのが歴史なのである。

　こうした研究の前提には，まず過去に生じた歴史的事実をしっかりと予
断なく認識することが重要になる。対話する主体の解釈の違いによって客
体としての歴史が多様に存在したのでは話にならないからである。この点
を重視したのがフランスの哲学者ミシェル・フーコー（1926-1984）である。
『言葉と物』（1966）の上梓によって一躍時の人となったフーコーではあっ
たが，これが歴史を拒絶する書であるとの批判を受け，それに応えて1969
年に『知の考古学』を著す[2]。そこで彼は，「知」と「権力」と「自己との
関係」という三つの軸に沿って様々な問題にアプローチし，自己が自己と
して決定され，自己であり続けることを拒絶し，サルトル的な実存にも似
通った新たな地平への旅立ちを展開した。狭義の歴史学が新しい概念を使
用して，新たな研究を始めているのに対して，伝統的な歴史研究は，思考
の歴史に止まり，従来通りの単に起源を追求し目的論を探求する旧態然と
した研究に終始しているとして，これまでの歴史研究を激しく批判したの
である[3]。

2　慎改［2019］84-85頁。
3　慎改［2019］88頁。

■ フーコーの歴史観と彼が与えた影響

　フーコーがいう考古学とは，伝統的な思想史がそれぞれの事象や言説の背後に隠されている思想の流れを導き出し体系化するのに対して，それぞれの事象や言説が語っているレベルのみに止め，余分な道筋や解釈を加えず，現に存在する事実のみに対峙するところに求めている。現存の史料がないにもかかわらず，点在する史実を勝手につなぎ合わせて，歴史を創作してしまうことを拒絶しているのである。先にも述べたが，フーコーは，実証主義者が声高に主張する事実それ自体も，ニーチェの言うように，所詮は単なる解釈に過ぎないと見なしているのかも知れない。結論的には，フーコーは『知の考古学』で歴史の連続性，あるいは時間を貫く統一性を拒否している。いわば，自分自身を拘束している考え，すなわち自己からの脱却を目指す新たな地平を展開したのがフーコーであった[4]。

　彼の思考に影響を受けて，ヨーロッパを中心に会計史の研究分野にも，新たな模索が始まる。そうした状況のもとで，当時LSEの教授であったアンソニー・G・ホップウッドが1984年に「会計制度の考古学」と題する論考を公表し，上位権力による今ある官僚制的な制度設計とそれを拒絶する共同権力による脱官僚制的な制度設計について，制度と会計との関連の視点から新たな考察を試みた。このホップウッドの論考の発表以降，会計史の分野にも，フーコーに強く影響され，現状を否定して新たな地平を切り開こうとする試みが次々と登場してくる[5]。1980年代後半から1990年代にかけては，会計史の分野でも，歴史を連続的な事象として捉えることを拒否したフーコーがもてはやされた時期であった。そうした状況のもとで，1992年8月に京都の蹴上で開催された第6回会計史世界会議におけるヨーロッパからの報告は，フーコー一色であったといえば言い過ぎであろうか。

4　慎改［2019］93-94頁。

5　ホップウッドの会計理論の概略については，高寺［1992］183-200頁を参照。

歴史は，連続か断絶か，それを問いかける国際会議になった。

■ 歴史貫通理論の重要性

　しかし，史実を正確かつ厳密に捉えるのは，歴史研究の大前提ではあるが，点在する史実をつなぎ合わせ，歴史貫通的な理論をどのように構築していくのかも歴史研究に課せられた大きな課題の一つである。歴史を連続として捉えるか，非連続と見なすのかが問われる。過去，現在，未来をどう捉えるか，まさしく時間論の問題である[6]。昨日の次に今日があり，今日の次に明日がくる。これは，まぎれもない事実である。現存の史料と正面から向き合い，残された史実を予断なく分析すると同時に，カーのいうように，時代時代に生きた商人たちの叫びにしっかりと耳を貸すことが大切なのではなかろうか。

　13世紀初頭に会計学の損益計算構造を支える複式簿記が誕生し，その後の進化のプロセスを経て，19世紀に会計学へと進化していく。その過程を振り返り，現存する帳簿や簿記書に残された史実を分析し，歴史と対話する。現代会計が進もうとしている方向にわずかでも疑念が生じたときには，勇気を持って警鐘を打ち鳴らす。それこそが会計史研究の役割であり責務なのである。そのためには，現時点で混乱している簿記，複式簿記，単式簿記，会計，会計学の関係を明確にし，それぞれの歴史研究の位置づけを再整理することも必要になる。

　われわれは，何となく会計の歴史と呼んだり，簿記の歴史といっている。会計の歴史と会計学の歴史は，同じなのか，そうではないのか。では，会計の歴史と簿記の歴史，あるいは会計の歴史と会計学の歴史では，どう違うのか。簿記の歴史といったとき，複式簿記の歴史を指しているのか，それとも単式簿記なのか。様々な疑問が生じてくる。そこで，本章では，こ

　6　過去，現在，未来という時間論については，渡邉［2014］254-267頁を参照。

うした錯綜を整理し，会計史研究の交通整理をすることによって，複式簿記を完成に導いた根源が事実にもとづく信頼できる損益計算にあったことを明らかにしていく。会計学の真の意義と役割を歴史研究によって明らかにしていくことにする。なお，この点については，渡邉［2020］で詳しく論じているので，そちらを参照されたい。

■デフォーの簡便法とハットンのシングル・エントリー

　少し話が脇道にそれるが，わが国で単式簿記と呼ばれている記帳法の源流を簡単に触れておくことにする。このいわゆる単式簿記と呼ばれている記帳法は，決して簿記の範疇に含めることはできない。シングル・エントリーと名づけられた単なる複式簿記の簡便法に過ぎない不完全な複式簿記による記帳法である。かの『ロビンソン・クルーソー』（1719）で有名な

デフォーの『完全なイギリス商人』第2版(1727)

ダニエル・デフォー（1660-1731）が著した『完全なイギリス商人』（1725）において，小規模の小売商のために提案された，複式簿記に代わる簡便な記帳法を指しているに過ぎない。

　この記帳法は，利益を計算することが目的ではなく，小規模の商人にとって重要な商品・現金・債権債務の三つの残高計算を目的に考案された複式簿記の簡便法である。デフォーの簡便法の考えを継承して，この記帳法をシングル・エントリーと名づけたのがチャールズ・ハットン（1737-1823）である。

　彼の『教師の手引き，あるいは完全な実用数学体系』(1764) の第 2 版『教師の手引き，すなわち様々な質問が飛び交う学校での使用や小売商のための簿記講習にも適応した完全な実用数学体系』(1776) 以降でこの簡便法が詳しく述べられている。タイトルにシングル・エントリーという呼称が初めて入るのは，第 3 版『教師の手引き，あるいは実用数学と単式・複式の両者を含む簿記の体系』(1771) である。彼らが嚆矢となって普及していくシングル・エントリーは，明治期にアメリカを経由してわが国に導入され，福沢諭吉は，これを「略式」と邦訳して紹介した。この複式簿記の略式記帳法がいつしか複式簿記との対比で「単式簿記」と呼ばれるようになっていく。しかし，この記帳システムは，元帳で単に債権債務の残高計算，すなわち交互計算を行ったに過ぎず，簿記の本質である企業の総括損益を計算することを目的とした記録システムではなかった。

　彼らが提唱したシングル・エントリーは，その名の示す通り，決して損益計算を目的とする記録システムではなく，単に商品，現金，債権債務に焦点を絞った日常の取引記録に過ぎない。それ故にこそ，彼らもシングル・エントリー・ブックキーピング（単式簿記）とは呼ばず，単に，シングル・エントリー（簡易記帳）と名づけたのである。デフォーやハットンの目的は，小規模の商人たちのために，日々の取引を正確に記録し，後になってトラブルを生じさせないために，正確な記録を残しておくことにあった。決して損益計算が目的の記録システムではなかったのである。もちろん，デフォーやハットンが提唱するシングル・エントリーは，複式簿記の簡便法であるため，取引は，借方と貸方の両方に複記される。借方，貸方のどちらか一方だけに，単式で記帳されているわけではない。その意味でも，単式簿記と訳するのは誤りである。単純記帳，簡易記帳であって，決して損益計算を目的とする簿記ではないのである[7]。

7　渡邉［2016］113-123頁。

■ジョーンズによる新しい試み

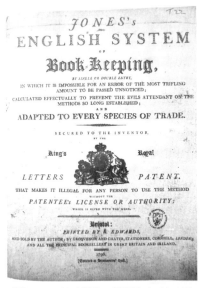

『ジョーンズのイギリス式簿記』タイトル頁

こうした両者のより簡便な簿記をという考えを継承し，しかし単なる交互計算のための記帳法ではなく，あくまでも損益計算を目的にしたイタリア発祥の複式簿記に代わる簡便な簿記法を提唱したのがエドワード・トーマス・ジョーンズ（1767-1833）である。名づけて『ジョーンズのイギリス式簿記』（1796）。彼は，複式簿記に代わる簡便な簿記であることを主張するために，これまでのイタリアで発生した複式簿記，すなわちイタリア式貸借簿記法ではない，ジョーンズ自身が考案したイギリス式の簡便な複式簿記法と名打って出版したのである。

このジョーンズの考案によるイギリス式簿記は，先のデフォーやハットンの発案による交互計算を目的にした単純な記帳法ではなく，あくまでも損益計算を目的にしたイタリア式複式簿記に代わる簡単で分かりやすい複式による簿記法である。損益計算を目的にしている点で，シングル・エントリーとは，本質的に異なる記帳法である。しかも彼は，単に分かりやすくだけではなく，実務にもすぐに適応できる簡明な複式簿記による記帳法を意図して著した。しかし，彼の提唱するイギリス式簿記は，その意図に反して，結局は複式簿記と同じではないかとの批判を受け，時を待たずし

て徒花と消えていくことになる[8]。

2

会計と簿記，会計学の相異

■ 会計と会計学の相異

　会計とは，一般的には，経済事象を識別（認識）し，測定し，伝達する
プロセスであるといわれている。分かりやすくいえば，金銭の出納や物財
の増減，あるいは費用や収益の総額を記録し，その記録にもとづいて企業
の期間損益を計算し，利益情報を利害関係者に報告するプロセスを指して
いる。その中でも，三つの機能のうち最後の伝達，すなわち情報の提供機
能が会計学の最も主要な役割になる。しかし，重要なのは，提供する情報
の中身である。いうまでもなく，この情報は，利益情報である。言い換え
ると，損益計算が会計の根幹なのである。

　しかし，そうした考えとは異なり，会計の役割を損益計算と切り離して，
多くの国語辞典などで提示されているように，「金銭や物品の増減の管理・
保全のための手法」であると規定するなら，会計は，紀元前の遥か昔の人
類の誕生とともに存在していたことになる。収穫した農作物や狩猟した動
物の肉を保管するための記録行為を会計と規定するのであれば，会計は，
文字の発明と同時に，あるいは石や貝殻を貨幣として利用していた時代か
らすでに存在していたことになる。また，貨幣を銀貨や金貨といった鋳物
貨幣の出現に限定したとしても，紀元前を数千年も遡ることになる。もち
ろん，われわれが社会科学としての会計史の研究分野で対象とする会計は，

---

8 渡邉［2017］86-88頁。

このような単なる金銭の出納記録や物財の管理保全記録を対象にしている
わけではない。

　一般的に用いている会計という用語に対して会計学という概念がある。
「学」がつくかつかないかの違いに過ぎないが，この違いは，会計の生成
史を研究する上では極めて重要な意味を持つ。一般に，会計学は，ある特
定の経済主体（多くの場合は企業）に関わる経済行為を組織的かつ科学的
に分析する社会科学としての体系を持つ学問領域である。その最も重要な
役割は，複式簿記によって求めた利益を財務情報とともに株主に代表され
る利害関係者に開示するところにある。いわゆる情報提供機能である。そ
のため一般的には，会計学の役割は，利害関係者の意思決定に有用な情報
を提供することと理解されている。

　様々な経済事象を認識（記録）し，その認識にもとづいて総括的な期間
利益を測定（計算）し，その結果を企業の利害関係者に伝達（開示）する
プロセスが会計学なのである。こうした会計行為の中心をなしているのが
損益計算である。この会計の損益計算構造を支えている技法が簿記，すな
わち複式簿記なのである。会計学にとっても簿記にとってもその中心は，
損益計算にある。単なる金銭の出納記録や物財の管理保全記録は，会計
（学）の研究対象ではない。

■ 会計と簿記と会計学の関係

　このように見てくると，会計の概念規定の仕方によって，その生成の時
期に大きな違いが生じてくることが分かる。重要なことは，研究対象の本
質を思いつきや独りよがりで規定するのではなく，誰もが納得できる客観
的で汎用的な概念規定をすることである。でなければ，客観的な歴史など
存在しなくなる。安易に「それは概念規定の違いである」などというもの
ではない。会計の誕生が複式簿記の生成史と切り離して論じられるなら，
それは，あえていえば広義の会計の歴史であって，会計学の歴史とは切り

離して考えることが必要である。それに対して，簿記は，すぐ後で述べるが，複式簿記を指し，狭義も広義もないのである。会計が単なる金銭の出納記録を指す広義の会計と会計学に分類される狭義の会計に分類されるのとは，異なるところである。

　端的にいえば，簿記は複式簿記を指し，その中心的な役割は，経済行為にもとづく商取引の記録による損益計算である。それに対して，会計の中心的な役割は，（複式）簿記で求めた様々な利益情報や財務情報を利害関係者に伝達する，すなわち情報提供が中心的な役割になる。その意味では，簿記も会計学も損益計算を目的としたコインの表と裏の関係にあるといえる。

　日本における会計学の研究分野では，会計，会計学，簿記，単式簿記，複式簿記といった類似の概念が別々に用いられているが，現状では，これら相互の相異や概念規定が必ずしも明瞭になっているわけではない。その結果，簿記や会計がいつ発生したかについても様々な解釈が混在している。生成史を研究する上では，これらの各概念の明確な定義づけが極めて重要になる。でなければ，独自の勝手な解釈によって，会計の生成史が独り歩きするからである。厳密な定義づけが行われて初めて，それぞれの発生の時期や発生当初の役割が明らかになり，今日果たしている役割との比較によって，本来の果たすべき役割や責務もまた明らかにすることができるのである。

　詳しいことは後で述べるが，広義の会計と会計学，それに簿記（＝複式簿記）の三者が取り扱う対象範囲と発生の歴史的順序をごく単純に整理すれば，次のようになる。

　取り扱う対象範囲の大きさからその順位を示せば，［広義の会計（財産の管理計算）→会計学（損益の情報提供）→簿記（損益計算）］となり，それぞれが発生した年代の古い順に示せば［広義の会計（金属貨幣の出現に限定しても紀元前14世紀頃のバビロニア地方や紀元前8世紀頃の古代ローマ帝国）→簿記（13世紀冒頭のイタリアの北方諸都市）→会計学（19世紀初めのイギリ

ス）］と整理することができる[9]。

3 産業構造の転換による会計学の変容と金融資本主義の台頭

■複式簿記を会計学に進化させた要因

　本書では，13世紀初頭のイタリアで文書証拠として発生した複式簿記が損益計算の実地棚卸で求めた利益の正しさを証明するために完成したという歴史的事実，ならびにこの複式簿記が800年という長きにわたって使用されてきたのは，ひとえにその計算の信頼性にあったことを再確認してきた。信頼性を担保することによって完成した複式簿記は，産業革命期を迎え，製造業における厳密な製造原価の計算あるいは見積原価や標準原価の計算に対応するため，原価計算制度を確立させると同時に，資金調達のために財務諸表の開示によって信頼性を加速させていく。

　18世紀末から生じる産業革命を迎えると，これまでの商業資本中心の経済構造は，産業資本中心の社会へとその姿を大きく変貌させる。相次いで登場する巨大な株式会社は，資金調達のために現在株主や将来株主に対して，投資の安全性や有利性を担保するために，一方では新たに会社法を成立させて貸借対照表や収支計算書（損益計算書）の作成を義務づけるとともに，利益だけではなく現実の資金の重要性も認識し，キャッシュ・フロー計算書の前身である比較貸借対照表をも生み出していく。それと同時に，開示する財務諸表の信頼性をより一層確実なものにするために，会計士監査制度を誕生させる。この投資誘因のための財務諸表の出現こそが，簿記

9　簿記，単式簿記，複式簿記，会計ならびに会計学の関係については，渡邉［2020］を参照。

を会計学へと進化させた象徴的な出来事といえる。

　外部報告のための様々な改革と同時に，内部における損益計算の技法においても，中世簿記にはなかった大きな改革がなされる。何よりも減価償却と原価計算の登場がそれである。発生主義にもとづく厳密な損益計算のために，新たに減価償却や厳密な原価計算制度を生み出し，単なる損益計算のための計算技法としての複式簿記は，新たに登場する株主への報告のための理

イギリス国会とビッグ・ベン

テームス川にかかるタワーブリッジ

論的な体系と制度を備えた社会科学としての会計学へと進化していく。それに伴い，会計学が果たす役割も，企業の総括損益を測定する技法から財務情報を利害関係者に提供する機能へと大きく変容していく。

　とりわけ産業革命を迎えたイギリスは，巨大な製造業に支えられた重商主義政策のもとで，ヨーロッパ（イギリスやフランス）とアメリカ・西インド諸島とアフリカとの三角貿易（奴隷貿易）と植民地政策による地域の価格差を利用してますます利益を肥大化させ，「太陽の沈まない国」として繁栄を欲しいままにしていく。複式簿記を会計学へと進化させていった

のが，まさにこの時代のこの国であった。

■ 有用性至上主義の危うさ

　しかし，19世紀末から20世紀を迎えると，その世界地図が大きく塗り替えられていく。イギリスに代わる新興国家アメリカの台頭である。当初は，イギリスの産業資本を引き継ぎ，著しい経済発展を成し遂げていくが，やがてこうした流れも，産業資本中心の経済体制から脱却し，市場経済を背景にした金融資本中心の産業構造へと大きく舵を切ることになる。それに伴い，会計の目的もまた，伝統的な取得原価にもとづく厳密な原価計算による発生主義を基軸にした実現損益計算から金融資本家にとって有用な公正価値にもとづく企業価値計算へと転換していく。

　その過程で，投資意思決定に有用な情報の作成や経営計画の樹立に必要な管理会計が登場し，その結果，過去会計である財務会計の領域に将来の予測計算が組み込まれていく。過去会計としての財務会計に未来会計としての管理会計的思考が導入されてくるのである[10]。いわば私的な内部報告のための予測や期待の数値が公的な外部報告のための世界に持ち込まれ，それがまるで現実の数値であるかのような錯覚を生み出していく。

　企業価値を重視する今日の意思決定有用性アプローチのもとでは，その測定基準も従来の伝統的な取得原価では役に立たず，各資産が将来に生み出すキャッシュ・フローによって測定されることになる。すなわち，公正価値（市場価値＋使用価値）による測定方法が支配的になってくる。こうして，1970年代末のアメリカで始まる金融自由化の流れは，1980年代の半ば以降に経済開発協力機構（OECD）諸国に広がり，1990年以降には早くもその効果がもたらされ，2000年末からのITバブルの崩壊を経て，それに引き続く経済回復過程で頂点に達したといわれている。

　10　松本［2008］を参照。

　本書の第1章と第2章では，1970年代以降に金融の自由化に始まったいわゆる金融資本主義と呼ばれる経済体制のもとで会計がどのように変容し，その矛盾を克服するためのポスト金融資本主義，例えば市民主義と呼ばれる新たな21世紀型資本主義のあり様を模索する中で，会計が果たさなければならない役割と責務について考察してきた。

　新たな市民主義と呼ばれる社会体制を模索する状況のもとで，800年という悠久の時を超えて社会を支えてきた簿記あるいは会計が今進もうとしている方向の危うさに，歴史というフィルターを通して問いかけたのが前著『会計学者の責任─歴史からのメッセージ』（森山書店）であり，その続編ともいえるのが本書である。有用性という錦の御旗を掲げ，検証可能性を重視する信頼性よりも目的適合性にもとづく有用性を至上主義とする現代会計が進もうとする方向性の危うさに警鐘を打ち鳴らし，その危うさへと誘導する昨今の会計制度や会計基準，あるいは概念フレームワークの設定に携わっている会計学そのものの責務を問いかけ，会計の本来の役割を取り戻すのが本書の主目的である。少し粋がった表現をすれば，「反会計学序説」とでもいったところであろうか。果たして，読者諸兄姉がどのような感想を持ったか，是非とも率直な感想を聞かせてもらいたいと願っている。

■ 自然災害とその発生予測

　2020年早春に，あまりにも唐突にわれわれを混乱と不安と恐怖に陥れた新型コロナは，瞬く間に世界中に蔓延し，各国の経済をずたずたに引き裂いた。リーマン・ショック（2008）や東日本大震災（2011）を遥かに超える膨大な経済的ダメージを被っているが，それだけに止まらず，多くの人命までも奪っている。果たして，いつになれば収束が見えてくるのか，それすらも全く見えてこない状況の中で，われわれは，もがき苦しんでいる。一体誰がこのような事態を予測できたであろうか。もちろん，歴史は，ペ

ストやスペイン風邪，あるいはエイズにエボラ出血熱やSARS等の未知の
ウイルスによる感染病の恐ろしさを教えてくれていた。しかし，明日また
新たな感染症がわれわれの生活を脅かすことになるなど，多くの人は，誰
も現実の問題として受け止めてはいなかった。南海トラフ巨大地震も30年
以内には必ず発生するであろうと予測され，その確率予測は，70％から80
％といわれている。われわれは，そうした事態を果たしてどれだけ現実の
問題として受け止めているであろうか。

　すでによく知られているところであるが，南海トラフ巨大地震は，海側
のフィリピン海プレートが陸側のユーラシアプレートの下に1年間で数cm
ずつ沈み込むことによる岩盤の破壊によって生じる地震である。この南海
地震は，過去にも繰り返し発生している。1707年10月28日に東海道沖から
南海道沖を襲った宝永地震，1854年12月23日の安政東海地震，近くでは
1946年12月21日の昭和南海地震である。その他にも，古くは1611年12月2
日に三陸沖北部を襲った慶長三陸地震，あるいは1923年9月1日の関東大
震災，近くでは1995年1月17年阪神・淡路大震災，2011年3月11日の東日
本大震災など，地震大国日本は，過去に度重なる巨大な震災に襲われてい
る。

　こうした自然災害の発生予測は，過去の経験上，いつどの程度の規模に
なるかの正確な予測は難しいとしても，いつか必ず発生するであろうこと
は確実である。しかし，ウイルスによる感染症は，どのような種類の感染
症であるのか，どこで発生し，どの程度の規模になるのかといった予測は，
極めて困難というか，予測は，不可能に近いといわざるを得ない。同じ予
測であっても，地震や津波の予測とウイルス等による未知の感染症に対す
る予測とでは，根本的な違いがある。いささか強引な例えになるが，取得
原価主義会計のもとでの見積計算と，公正価値会計における将来キャッシ
ュ・フローの割引計算のもとでの予測計算との相異に似通っているといえ
なくもない。過去の事実にもとづく予測と，これから生じる将来の推定に
もとづく予測との違いである。

■ 事実による予測と推測による予測の違い

　南海トラフ巨大地震の発生予測は，単なる推測ではなく，プレートの沈み込みの事実にもとづく計算と過去数回にわたり現実に発生した事実にもとづく，極めて科学的かつ現実的な推定計算である。それに対して，公正価値のような将来キャッシュ・フローの割引現在価値といった時として期待が混入した推測による予測は，巨大地震等との予測とは大きく異なるところである。取得原価主義会計のもとで行われてきた貸倒れの見積や減価償却累計額の計算は，予測計算とはいえ，過去の実績と現在の経済状況によってはじき出された現実的な数値である。過去の事実にもとづく推定と将来の予測や期待にもとづく推定とは，分けて考えなければならない。同じく予測に関する事象であったとしても，決して同一座標で論じられるものではない。

　自然現象についても経済問題に関しても，これから生じるであろうと予測される事象については，同様に考えることができる。1929年9月にアメリカの株価の大暴落から始まる経済恐慌は，瞬く間に世界中を駆け巡った。世界のGDPが15％近くも減少したといわれている。今回の新型コロナ危機は，それを遥かに上回ると試算されている。しかし，一体誰がこのような状況が今現在に生じると思ったであろうか。歴史は，過去のペストやスペイン風邪，エボラやSARSによって，恐ろしい感染症の再来を教えていてくれていたはずなのに。人は，こうした歴史の教訓には無力なのかも知れない。明日は，確実に今日になるのに。

　少し意味合いがズレるかも知れないが，公正価値会計は，事実ではなく予測や期待にもとづく推定計算である。しかも，そこで測定される包括利益は，過去の経験値から割り出されるというよりも，純粋に将来の予測や期待による推定から算出される。そうした予測計算によって求められた利益に，一体どれだけの信頼性が与えられるというのであろうか。はなはだ疑問である。

終 章

原点に立ち返る会計

1

会計学の責務と役割

■実現が外れた収益認識基準

　わが国の企業会計基準委員会（ASBJ）は，2009年9月に収益に関する論点の整理を公表した。なぜなら，これまでの収益の認識に関する基準が曖昧だからという。以後，収益認識に関する包括的な会計基準の設定に向けての着手が始まることになる。2017年7月には「企業会計基準公開草案第61号」において収益認識に関する会計基準およびその適用指針が公表された。この基準や指針は，2017年12月に国際会計基準審議会（IASB）とアメリカの財務会計基準審議会（FASB）においてすでに適用されているのを受け，わが国においても2021年4月からの強制適用に向けて，2018年3月に，①顧客との契約の識別，②個別の履行義務の識別，③取引価格の算定，④取引価格を契約における個別の履行義務に配分，⑤企業が履行義務を充足した時点で収益を認識，の五つのステップからなる「収益認識に関する会計基準」を公表し，最終的な基準化に取りかかったのは，すでに述べた通りである[1]。

　会計学の根幹である損益計算にとっては，収益と費用をどのように規定するかが最も重要になる。これまでは，収益認識の包括的な基準が存在せず，わずかに会計原則において実現主義の考え方が提示されているに過ぎなかった。そのため，より明確で具体的な収益認識の基準が必要になったというのである。

　その結果，従来の実現概念が曖昧であるとの理由づけによって，それを基準から削除する方向で調整がなされた。端的にいえば，包括利益を会計

1　IASB［2015］IFRS, No.15. 日本会計基準委員会［2018］日本会計基準第29号。

上の利益と見なす公正価値会計のもとでは，事実と結果を前提にする実現概念は，大きな足かせになる。将来キャッシュ・フローという予測計算を組み込んだ公正価値会計には，事実にもとづく結果の表示とは，相容れないものがある。こうした考えが，実現概念を会計基準からはずした理由ではなかろうか。国際会計基準（IAS）の周到な思惑が見え隠れする。

　わが国のASBJもまたこれに追随している。損益計算における実現概念が会計学にとってどれだけ重要であるかを，会計基準設定のメンバーは，ただ国際基準に追従するだけではなく，より厳密に考慮しなければならない。収益認識における実現概念の重要性を認識すれば，損益計算にとって最も重要な測定基準が予測を前提にした物差しではなく，現実を踏まえ事実を前提にした物差しでなければならないことに気づくはずである。会計上の利益は，当期純利益であって，決して包括利益ではない。未実現利益を含む包括利益は，情報価値として提供するに止め，基本財務諸表で開示すべき会計上の利益とは峻別する必要がある。

■ 未実現利益は絵に描いた餅

　会計学は，収益の実現概念があったからこそ，信頼できる損益計算の証明手段として機能し続けることができ，800年という長きにわたり商人たちの経済行為を支えることができたのである。それと同時に，逆説的に聞こえるかも知れないが，実現概念があったが故に，キャッシュ・フロー計算書を基本財務諸表に加えさせたということもできる。実現概念こそが，いくらかの課題を含みながらも，会計の信頼性をその発生当初から支えてきた最も重要な概念なのである。会計の損益計算構造を支える複式簿記が，その発生から今日に至るまで，損益計算に際して費用を発生主義で収益を実現主義で測定してきたのは，絵に描いた餅では商人たちの空腹を満たすことはできないからであった。

　当然のことではあるが，信頼のおけない損益計算では，また実際にその

成果を手にすることのできない損益計算では，ごく一部の投機家たちを除いて，決して誰からも支持を得ることはできない。国際財務報告基準（IFRS）が提示する包括利益といった予測の利益では，果たして信頼が勝ち取れるであろうか。これからの長い年月を信頼され，用い続けられることができるであろうか。

　2020年に襲った新型コロナウイルスは，経済活動が如何にわれわれの日常生活そのものと深く関わっているかを知らしめた。経世済民としての経済学のあり方は，大きく変容していくものと思われる。当然のことながら，従前の金融資本主義ないしは市場原理主義や株主至上主義といわれる経済レジームのあり方自体の見直しも余儀なくされてくるであろう。それに伴って，経済学の損益計算構造を実質的に支えている会計学のあり方もまた，大きな変容を余儀なくされるであろう。特定の個人の要求に対応する意思決定有用性アプローチではなく，本書で新たに提案する社会の多くの人の要求に対応できる開示情報信頼性アプローチにその根本的理念を転換させていかなければならない。今こそ，会計学は，新たな地平にその一歩を踏み出していくときである。

■ 資産負債アプローチの行きつく先

　今日の金融資本主義といわれる経済体制を支える公正価値会計のもとでは，厳密な原価計算制度や費用収益対応原則などはもはや不要の産物になる。損益計算のためには，単に資産負債の現在価値を測定し，その評価額が測定されればそれで十分なのである。利益は，前期の純資産額と今期の純資産額が分かれば，両者の増減差額計算によって求めることができる。会計が800年という長きにわたって培ってきた実現主義ないしは発生主義という収益・費用の認識基準や対応計算は，資産負債アプローチのもとではもはや必要ではなくなる。現時点での純資産額あるいは企業価値がすべてなのである。

　ただ，各国との調整で設定された包括損益計算書では，当期純利益と包括利益の両者を示すリサイクリング方式がとられるため，単に資産・負債の測定基準だけではなく，収益・費用に関する認識基準も必要になってくる。その結果，従前の実現主義に代わって先に述べた五つのステップからなる認識基準が設けられることになった。

　もちろん，資産負債アプローチのもとでは，継続記録にもとづく収益と費用の差額を求めて利益を計算する変動差額計算は，基本的には不要となる。とりわけ，AIの出現によるITの著しい進歩は，これまでの発生主義にもとづく日々の取引の継続記録計算を瞬時に完了させるだけではなく，ストックによる資産の現在価値評価による純資産の算出も，測定基準さえ決めればあっという間に可能にする。また，現金収支をベースにしたキャッシュ・フロー計算書の作成もボタン一つで可能になり，発生主義に代わる新しい認識基準が，国際会計基準という名のもとで，いつの間にか市民権を得てしまった感がする。誤った地平への転換ともいえる道を歩み始めている。

　ASBJによる新たな収益認識の作成という今日の流れもまた，まさしくこうした状況を反映したものである。しかし，会計学は，果たしてこのような損益計算の手法を求めてきたのであろうか。

■ 損益計算の二つの方法

　企業損益を計算する方法には，伝統的に資産負債の2時点の増減比較を計算して求める方法と収益費用の2時点間の変動差額を計算して求める方法の二つがある。分かりやすくいえば，前者は，貸借対照表を重視したストック中心の利益観であり，後者は，損益計算書を重視したフロー中心の利益観である。古くは，財産法・損益法と呼ばれ，近年では，資産負債アプローチ・収益費用アプローチと呼ばれている。

　今日では，資産と負債が企業の経済的資源を示す中心になると考え，両者の差額である純資産の増減額が企業損益であるとの考えに立っている。

IASBにもとづくIFRSやFASBにもとづく概念フレームワーク（SFAC）やアメリカで一般に認められた会計実務（USGAAP）の考え方である。わが国も基本的にはこうした考え方にコンバージェンスさせる方向，すなわちIFRSとの差異を極力少なくする方向で調整を進めている。連単分離で，国内企業は日本基準，国際企業はIFRSというのであろうか。

　会計の損益計算構造を支える複式簿記は，企業の総括損益をストックとフローの二つの側面から計算するシステムである。しかし，発生当初の複式簿記は，まだ日々の取引の継続的な記録，すなわち複式簿記によって利益を求めることができなかった。そのため，継続的な記録に替えて，決算に際し実地棚卸によって財産の一覧表（ビランチオ）を作成して利益を求めた。この実地棚卸で求めた利益に疑義が生じたとき，継続的な記録にもとづく損益勘定を作成して，ビランチオの利益の正しさを証明しようとした。フロー計算でストック計算の正否を検証したのである。このことは，正確な損益計算である複式簿記の本質がフロー計算，今日流にいえば，収益費用アプローチによる損益計算にあることを示している。複式簿記，したがって会計学が持つ利益観の本質は，フロー計算にある。今日のFASBやIASBが志向する資産負債アプローチによる包括利益計算は，有用性が先行し，信頼性を担保するために完成した複式簿記ないしは会計学とは本来役割を異にする便宜的な損益計算手法に過ぎないのである。

　ストックの側面からの損益計算は，複式簿記の誕生当初の複雑な度量衡や教育制度の未発達による計算能力の欠如等によって，余儀なくとられた方法であり，決して会計の計算構造を支える複式簿記の本来の損益計算方法ではない。あくまでも，複式簿記の完成までの便宜的な損益計算法に過ぎなかった。フィレンツェに見られた他人と結成した期間組合では，どこかの時点で組合員間での利益分配が必要になる。そのため，複式簿記の完成以前では，フロー計算に代わってやむなく手持ち財産の実地棚卸によるストック計算によって利益を求めて分配した。ストックの側面からの損益計算，言い換えると資産負債アプローチによる利益観は，会計学の本来の

164

姿とは異なるものと理解すべきである。信頼性を基軸にした会計本来の利
益観は，収益費用アプローチにある。

　利益の発生を単なる結果からではなく原因の側面から明らかにすること
によって初めて，会計学の本来の責務である信頼性を勝ち取ることができ
る。有用性は，情報の利用者個人個人によって異なり，より有用な技法の
出現によって，早晩とって代わられるだけのことである。有用性アプロー
チからは，決して，客観的で普遍的な制度や基準は，生まれてこない。

2 様々な測定基準

■ 峻別のキーワードは実現

　ストック計算であれフロー計算であれ，また資産負債アプローチであれ
収益費用アプローチであれ，そこで求められる利益は，それを測る物差し
の違いによって大きな差異が生じる。では，利益測定の物差しには，どの
ようなものがあるのであろうか。また，どのような物差しで測れば，会計
の本来の役割を果たすことができるのであろうか。

　会計の測定基準は，大きく分けて，取得原価（過去価値）と時価（現在
価値）と公正価値（未来価値）の三つがある。時間軸による分類である。
取得原価は，資産を購入したときの取引価格である。売り手と買い手の両
者が納得した取引時点の市場価格ということになる。したがって，取得原
価は，一般的には過去価値と呼ばれるが，実際には取引時点の市場価値，
すなわち現在価値でもある。その意味では，取得原価も時価も本質的には
違いはない。それに対して，同じく時価とも呼ばれる公正価値は，市場価
値と将来キャッシュ・フローの割引現在価値（使用価値）という２本立て

で構成されている。その中心は，市場のない資産を将来のキャッシュ・フローを想定して評価するところに主眼を置いている。そのため，他の二者との分類上，ここでは分かりやすく未来価値と位置づけることにする。

　時価には，様々な時価が存在する。従来までの代表的なものとして，売却時価，再調達原価（購入時価），正味実現可能価格（売価―アフター・コスト）などと呼ばれる時価があったが，固定資産の収益性が低下し，投資額の回収が見込めなくなったときに帳簿価額を減額するという減損会計が制度化される。そこで用いられる時価が市場価値とか将来キャッシュ・フローの割引現在価値，すなわち公正価値と呼ばれるようになってくる。この市場価値は，出口価格と入口価格の二つに分けて捉えられる。従来の売却時価と再調達原価に相当する評価額である。

　では，両者の違いはどこにあるのか。売却時価と再調達原価は，実際に取引が行われたときの時価であるが，出口価格と入口価格は，必ずしも実際の取引が行われたときの価格だけではなく，これから行われであろうときの予測の価格も含んでいる。公正価値会計における測定にとっては，予測計算も含まれてくるため，取引の実現を前提にした測定価値では，矛盾を来たすことになる。過去価値・現在価値と未来価値とを峻別するキーワードが実現概念であり，会計の根幹である信頼性を担保できるのもまたこの実現概念なのである。

■実現の有無の重要性

　測定手段を何に求めるかは，単に利益の額がいくらになるかだけの違いではなく，どのような会計観に立っているかを示すことになる。いわば会計学の本質観に関わる問題である。ある特定の資産を決算時に評価し貸借対照表に計上するとき，その価格を取得原価で評価するのか現時点の市場価値で評価替えするのかは，実現を前提にする限り，本質的な違いはない。取得原価は，購入時の市場価値であり，現在の市場価値は，取得原価が単

に時の経過によって変動しただけのことである。過去価値も現在価値もいずれも現実の価値であるという点においては，同質である。その点が未来価値である公正価値との違いである。

　時価による評価替えの実務は，すでに述べたように複式簿記の誕生とともに行われてきた。当初は，評価替えによる損益は，直接損益勘定に振り替え，当期の実現損益として処理してきた。産業革命に至るまでは，企業が抱える総資産の中で固定資産の占める割合がそれほど大きくはなく，かつ所得税がまだ課せられていなかったため，評価損益を実現損益に含めて処理しても，それほど大きな矛盾は，生じてこなかったからと思われる。因みに，イギリスで最初に所得税が制定されるのは，1799年のことである。ただし，実際の施行は，19世紀に入ってからである。

　公正価値評価の本体である将来キャッシュ・フローの割引現在価値（使用価値）は，過去の取引時点の市場価値である取得原価や実際に取引が完了した時点での現在価値（市場価値）とは本質的に異なる測定手段である。この測定法は，将来の予測計算によって計算されるため，現実の事象によってその計算の正確性を検証することはできない。将来の予測計算は，短期の投機利潤を期待する大株主である投機家や投資ファンドにとっては有用かも知れないが，長期に保有して，安定した配当を期待する大多数の一般の株主には，あまり意味を持たない。

　特定の大株主は，将来の企業業績が躍進するという予測により，株価が大きく値上がりし，巨額の資本を投入することによって巨額の利益を得ることができるかも知れない。また，株価が大きく値下がりしても，巨額の資金力を背景に買い続けることによって株価の上昇を作り出し，値上がりした時点で売り抜けて巨額の利益を獲得することができる。いわば，株価が値上がりしても値下がりしても，利益を得ることができるという仕組みである。しかし，少額の資金しか持ち合わさない一般の株主やもともと株などを購入する資金のない多くの人にとっては，こうした情報は，有用どころか何の意味もない。有用性というのは，個人によって異なるのである。各個

人によって異なる基準を，意思決定有用性アプローチと名打って，普遍的な基本理念として措定する現代会計学のあり方には疑念を持たざるを得ない。

　簿記ないしは会計学は，信頼性を事実によって担保してきた。それ故にこそ，800年という悠久の時を紡ぎ続けることができたのである。予測計算では，たとえ受託責任といった言葉を用いようとも，決して真の信頼は，勝ち取れない。歴史が教えてくれる会計のあるべき測定手段は，取得原価すなわち取引時点の市場価値なのである。

■ その他の評価基準

　上野清貴は，会計の評価基準を①取得原価，②現在原価（再調達原価），③売却時価，④現在価値（将来キャッシュ・フローの割引現在価値），⑤公正価値（市場価値＋現在価値）の五つに類型化し，それぞれの代表的な主張者をあげている[2]。

　取得原価による評価は，複式簿記がその誕生以来ずっと採用してきた王道である。取得原価は，現実の取引事実にもとづく価格であり，証憑によって誰でもいつでも検証可能な最も信頼のおける測定基準である。端的にいえば，複式簿記を信頼できる損益計算技法として完成させた測定基準なのである。なぜこの測定基準が会計の損益計算構造を支える複式簿記の発生とともに用いられてきたかといえば，取得原価によって算定される利益が配当可能な実現利益を示し，いつでも誰れによっても検証可能であるからである。損益計算にとっては，実現概念が極めて重要な要因になる。絵に描いた餅では，お腹は満たされない。この測定基準は，当初アメリカ会計学会（AAA）やアメリカ公認会計士協会（AICPA）によって採択され，スティーヴン・ギルマンやリトルトン等によっても支持されてきた。

　現在原価は，あまり聞きなれない用語であるが，当該資産を現時点で購

2　上野［2014］2-4頁。

入するとすればいくらの価値であるのか，すなわち再調達原価のことを指し，AICPAやFASBによって提案され，エドワーズ＝ベルやレヴズィンによって説かれた伝統的な時価の一種である。次にあげる売却時価は，チェンバーズやスターリング等によって提唱された評価法であるが，これは，先の再調達原価と同様，時価で評価する際の，売り手と買い手の違いによるだけのことであり，あえて別建て表示する必要はない[3]。このどちらの評価方法も，18世紀のイギリスの簿記書で一般的に説明されている評価替えの方法である。取得原価とこの二つの時価評価は，複式簿記の発生以来共存してきた評価方法である。

　現在価値は，フィッシャーやスターリング等によって提唱された評価法である。同じく現在の価値を示す評価方法であるが，先の二つの評価方法とは実質的に大きく異なる評価方法である。これは，過去に購入した資産を現在実際に売買したときの価格を指すのではなく，もしその資産を売却すればいくらになるかという予測計算が入ってくる。その点で，今日のIFRS等が説く公正価値測定に繋がる評価法である。

　公正価値は，FASBやIASBによって提唱された評価方法で，そこには市場価値と将来キャッシュ・フローの割引現在価値の二つが含まれている。この測定基準の最大の特質は，事実にもとづいて測定された現実の価値ではなく，将来の予測にもとづいて測定される未来の価値が含まれている点にある。

■ 国際会計基準がとる測定基準

　この五つの測定基準を時間軸によって再整理すれば，①取得原価（購入時点の市場価値＝過去価値），②時価（現時点の市場価値＝現在価値），③公正価値（市場価値＋将来キャッシュ・フローの割引現在価値＝未来価値）の三つ

3　上野［2014］4頁。

に分けることができる。会計の利益計算構造を支える複式簿記がその誕生以来とってきた測定基準は，①と②の過去価値と現在価値であった。それが今日では，③の未来価値での測定が大手を振って市民権を得ようとしている。これが会計学を崩壊に導くそもそもの要因である。会計が採用すべき測定基準は，透明性と客観性が担保された事実にもとづく検証可能な評価基準でなければならない。それこそが誰からも信頼される会計の評価法の根源なのである。信頼性が担保されてこその会計学である。

　今日，FASBやIASBによって適用されている公正価値は，「測定日時点で，市場参加者間の秩序ある取引において，資産を売却するために受け取るであろう価格または負債を移転するために支払うであろう価格[4]」と定義されている。問題は，この「であろう」にある。2018年のIASBの概念フレームワークでは，測定基準は，すぐ後で述べるように，大きく歴史的原価と現在価値に二分され，さらに現在価値が三つに分けられている。

　この公正価値会計は，会計基準のメタ理論である2010年に公表された概念フレームワークを支えている意思決定有用性とリンクして登場してきた測定基準である。投資家とりわけごく限られた特定の大株主の投資意思決定に有用な情報提供が最優先される。なぜなら，彼らは，多くの株を所有し，株主総会での発言力も大きく，経営の人事権にも多大な影響力を持っているからである。決して数の上で大多数を占める一般の投資家を対象にしているわけではない。

　大株主にとって有用な情報は，投資対象の企業が過去1年間でいくらの利益を獲得したかといった過去情報ではなく，これからいくらの利益を生み出す力があるかという将来用益算出能力，すなわち未来情報にある。しかし，こうした不確実な未来情報を提供するのは 本来財務会計の役割ではなく管理会計か経営学の役割であるのは，すでに第1章で述べてきた通りである。外部報告というある意味では公的な色彩を帯びる財務会計は，

---

4 IASB［2018］par.6.12.

あくまでも事実に即した信頼のできる確実な情報を提供することが何より
も重要になる。

国際会計基準における現在価値

　会計上の利益を確定する測定基準には，大別して取得原価と時価と公正
価値の三つがあるのは見てきた通りである。この測定について，IFRSの
概念フレームワーク第6章で，歴史的原価と現在価値に加えてキャッシュ・
フローを基軸にした方法もあげている。具体的な測定に関しては，単独の
方法ではなく，複数の測定方法によって行う方法を採用している。混合測
定会計と呼ばれる方法である。

　IFRSにおける2018年の会計基準の基礎になる概念フレームワークでは，
混合測定の基準になる測定基準として，歴史的原価（取得原価）と現在価
値（時価）の二つをあげ，現在価値は，①公正価値〈フェア・バリュー〉，②使用価値〈バリュー・イン・ユース〉・
履行価値〈フルフィルメント・バリュー〉，③現在価値〈カレント・バリュー〉の三つに分類されている[5]。使用価値というのは
資産に関する測定基準のことで，すでに述べたように，将来キャッシュ・
フローの割引現在価値を指している。それに対して履行価値というのは負
債に対する使用価値のことで，負債を履行するために必要な将来キャッシ
ュ・フローの割引現在価値を指している。古くは，負債は確定債務で評価
の対象にはならなかったが，現在では負債も時価で評価替えすることが必
要になる。そのため，負債の評価基準として新たに履行価値があげられて
いる。では，これらの測定基準の中で，会計学にとってどの測定基準が最
も適しているのであろうか。

　会計学の利益計算構造を支える複式簿記は，その生成以来800年にわた
り取得原価を採用し，事実にもとづく検証可能性が担保された損益計算に
よって信頼性を勝ち取ってきた。それが今世紀を迎えると，意思決定有用

5　IASB［2018］par.6.4, par.6.11. 岩崎［2019］130頁。

性を最優先に掲げた国際会計基準の影響下で，公正価値が利益測定の基盤に置かれるようになる。歴史的原価では，大株主である投機家にとって有用性が期待できないからだという。しかし，投資意思決定に有用であるという未来情報の提供は，本来は財務会計の役割ではなく，管理会計ないしは経営学の領域である。財務会計は，あくまでも事実にもとづく客観的で信頼のできる情報を提供するのが主要な役割である。予測や期待による情報は，時として判断を誤らせ，大きな実害を与えることにもなりかねない。外部への公表というある意味では公的な色彩を帯びる財務会計の分野に，期待や予測の数値を取り入れるのは，可能な限り避けるべきである。

■市場のない資産の評価

　IFRSが測定基準の中心に置く公正価値は，市場価値と将来キャッシュ・フローの割引現在価値の両者で構成されている。市場のある資産負債は，市場価格で評価するとしても，問題は，市場のない資産負債をどのような評価基準で測定するかである。市場がないため，現実に事実として確認できる価格が存在していない。そのため，将来キャッシュ・フローの割引現在価値である使用価値ないしは履行価値と呼ばれる測定手段で評価することになる。この測定手段は，様々なデータにもとづき，複雑な計算式を用いて当該の資産負債が持つ将来のキャッシュ・フローを計算する。

　しかし，たとえどのような厳密な計算式で求めた数値であったとしても，予測は，所詮予測である。現実通りに推移することなど万に一つもない。また，何が起こるかを現実に言い当てることなど，できない相談である。2019年12月頃から2020年の旧正月にかけて突如として発生した新型コロナがあっという間に全世界に拡散し，多くの人命を奪い計り知れない経済的なダメージを与えることなど，一体誰が予測できたであろうか。たしかに，新型コロナが経済に与えた甚大な負の影響は避けて通れないが，この未知の感染症への対応は，決して経済対策ではない。命に関わる問題である。

　経済があって人があるのではなく，人があって初めて経済が成り立つので
ある。とはいえ，現代社会では，人の生活は，経済と切り離しては成立し
得ないこともまた現実である。
　明日に何が起きるか分からない現実を目の当たりにすると，予測による
見積計算の無意味さを否が応でも痛感せざるを得なくなる。もちろん，新
型コロナの問題と会計学における予測計算とを同一座標で論じるわけには
いかないが，如何なる場面においても提供する情報が正確であるか否か，
信頼できるか否かは，利益関係者の意思決定にとって最優先課題である。
情報の生命線は，事実と信頼である。

■混合測定会計の狙い

　取得原価を時価で修正する方法は，複式簿記の誕生と同時に行われてき
た。すでに述べたが，現存の最古の勘定記録においても，売掛債権に対し
てすでに貸倒れを予測して保証人を立て，貸倒損失を計上している。また，
時代は下るが，18世紀イギリスで出版された多くの簿記書では，固定資産
や売残商品を時価で評価替えしている。このときの時価は，市場価値であ
り，厳密には売却時価（売値）と再調達原価（買値）の二つの方法がとら
れている。まさしく，原価と時価の混合測定会計である。もちろん，今日
の国際会計基準等でいう使用価値での評価は，まだ見られない。また，そ
こでの評価差額は，資本勘定ではなくすべて実現損益として損益勘定に振
り替えられている。当時は，固定資産が全体の資産に占める割合がそれほ
ど大きくなかったため，実現損益として当期の利益に加減しても，それほ
ど大きな影響がなかったからであろう。
　それに対して，今日の混合測定会計の狙いは，いうまでもなく現在株主
や将来株主の投資あるいは売却の意思決定に有用な情報を提供することに
ある。ところが現実は，この株主が大多数を占める一般の株主ではなく，
ごく少数の大株主を対象にしている。投機的利潤を期待するごく一部の大

株主や投資ファンドにとっては，取得原価にもとづく過去ないしは現在価値情報だけでは，役に立たないのである。明日の企業価値がいくらになるかといった将来の予測計情報こそが重要になる。過去の実現利益などは，情報価値としては，ないに等しいといえば言い過ぎであろうか。意思決定有用性アプローチが前面に強く押し出された結果である。

　有用であるかそうでないかの分岐点は，会計の目的をどこに置くかによって変わってくる。事実にもとづく正確で信頼のおける情報提供に力点を置くのと，将来どのようになっていくかという予測に力点を置く場合とでは，大きな違いが生じてくる。ある意味で公的な色彩を帯びる外部報告会計としての財務会計と，私的な側面を持つ内部報告会計としての管理会計との違いである。近年，財務報告の基礎的な前提として意思決定有用性が前面に押し出され，その目的を遂行するための質的特性として目的適合性をあげるIFRS等では，財務会計の管理会計化現象に拍車がかかり，その結果，多くの弊害が露呈してきている。

■ 財務諸表の種類

　企業は，1年間の企業活動の成果を財務諸表によって広く一般に開示していく。わが国では，金融商品取引法において，基本財務諸表として貸借対照表（B/S），損益計算書（P/L），キャッシュ・フロー計算書（C/F），株主資本等変動計算書（S/S）の四つがあげられている。連結決算の場合は，連結損益計算書に加えて連結包括利益計算書が作成される。

　それに対して，会社法では，キャッシュ・フロー計算書は，基本財務諸表に含まれていない。なお，税法の決算書は，貸借対照表，損益計算書，勘定科目内訳明細書，株主資本等変動計算書の四つである。国際会計基準（IAS）は，財政状態計算書，財務業績計算書，キャッシュ・フロー計算書，持分変動計算書をあげている。

　IASのいう財政状態計算書は，貸借対照表のことで，資産・負債・持分

（純資産）から構成されている。財務業績計算書は，損益計算書と包括利益計算書の二つから構成されており，収益と費用によって財務業績，すなわち経営成績を示している。一般的には，リサイクリングと呼ばれる方法で当期純利益も含めた包括利益計算書のみを掲示する方法がとられている。持分変動計算書は，持分すなわちここでは資本の増減の変動状況を示す計算書で，わが国の株主資本等変動計算書に相当する計算書である。

　これまでの伝統的な財務諸表では，保有資産の評価益は，当期の利益に加えることはなかった。未実現利益が含まれることはなかったのである。しかし，IASでは，資産や負債を公正価値で評価するため，当然のことながら，これまでの未実現利益も財務諸表上の利益に加算され，一部は純利益に，また一部は資本勘定に加算される。当期純利益とは異なる包括利益（当期純利益＋その他の包括利益）として表示されるのである。したがって，そこには，資産負債の時価評価の変動差額や為替換算による変動差額等のその他の包括利益（OCI）と呼ばれる利益が加算されることになる。

　なお，資産・負債勘定（実在勘定）の差額が資本勘定に転記され，その資本勘定に収益・費用勘定（名目勘定）の差額としての利益が転記されることによって，会計の損益計算構造を支える複式簿記が完成を見ることになる。いわば差額勘定としての（集合）損益勘定と資本勘定は，名目勘定と実在勘定を連結させ，会計学における損益計算を完結へと導く勘定として位置づけることができる[6]。

　IASBやFASBの基準設定は，金融資本主義による経済思考を背景に，資産負債の測定基準を取得原価ではなく公正価値（市場価値＋将来キャッシュ・フローの割引現在価値）に置き，その結果を財政状態計算書や財務業績計算書等を通して情報開示していく。財政状態計算書の資産・負債は，公正価値で測定される。したがって，そこで求められる利益すなわち包括利益には，これまでの取得原価で測定されてきた当期純利益とは異なり，単なる評価

---

[6]　資本勘定の本質についての再吟味は，斎藤［2020］を参照されたい。

損益だけではなく，予測にもとづく期待損益も含まれることになる。

　このような未来の不確実な予測利益を開示することが果たして会計の役割といえるのであろうか。予測利益の開示は，企業成果を広く社会に公表する，ある意味では公的な側面を持つ財務会計の役割ではない。財務会計における開示利益は，事実と検証可能性に担保された現実の実現利益でなければならない。会計の信頼性は，事実にもとづく損益計算によって支えられてきたのである。

3 会計学の本質と原点

■ 会計の原点に立ち返る

　会計学の損益計算構造を支える複式簿記は，13世紀初めにイタリア北方諸都市で債権債務の備忘録として誕生する。生成当初の目的は，日々の取引を正確に記録し，トラブルが生じたときの公正証書の代わりを果たすことにあった。こうして発生した簿記，すなわち複式簿記は，百数十年の時を経て，フィレンツェの血縁を離れた第三者間で結成された期間組合において，損益計算技法として完成を見る。

　他人と組んで結成された組合のため，どこかの時点で利益を分配する必要が生じてくる。しかし，複式簿記の発生当初では，まだ日々の取引記録によって分配に必要な利益を厳密に計算するまでには至っていなかった。そこで考え出されたのが，保有資産の実地棚卸によってビランチオ（利益処分結合財産目録）を作成し，時価評価によって利益を求める方法であった。しかし，実地棚卸による方法では，そこで求めた利益の正確さに疑義が生じてくる。この疑念を払拭するために用いられたのが，事実にもとづく日々

の正確な取引記録によって求められた利益であった。すなわち，複式簿記
による損益勘定の利益である。継続的な記録で作成された損益勘定によっ
て，実地棚卸で求めたビランチオの利益を検証したのである。両者の利益
の一致をもって，複式簿記の完成と見なすことができる。時まさに14世紀
前半のことである。

　これが会計の損益計算構造を支えている複式簿記の基軸であり，同時に
会計学の原点でもある。有用性や目的適合性ではなく，信頼性や検証可能
性に立ち戻ることが重要である。貧困や差別による犯罪や紛争の原因とな
る深刻な経済的格差を生み出す意思決定有用性アプローチに代わる代替ア
プローチの提示が，待たれるところである。

■ 有用性に代わる代替アプローチの必要性

　検証する側のフロー計算による損益勘定と検証される側のストック計算
によるビランチオと，どちらで求めた損益が信頼に値するのか。いうまで
もなく，検証する側にある。日々の正確な取引記録にもとづく損益計算に
よって提供される情報こそが真に信頼できる情報なのである。会計ならび
にその損益計算構造を支える複式簿記は，この信頼できる情報を提供する
のが使命である。如何に厳密な計算式で求めた利益情報であったとしても，
またそれが如何に有用であったとしても，予測の入った情報は，信頼とい
う側面からすれば，本来の財務会計がとる計算方法ではない。会計の損益
計算構造を支えてきた複式簿記は，事実にもとづく検証可能性に支えられ
た信頼性があったからこそ，800年という長い期間にわたり使用され続け
たのである。

　今日の会計基準の基本理念を支えている意思決定有用性アプローチは，
個人によってその有用性が異なるのである。Aにとっては有用であっても，
Bにとっては無用どころか有害になることさえもある。誰にでも共通する
普遍的かつ客観的でしかも汎用性のある有用性などは，存在しないといっ

てよい。意思決定有用性アプローチを根本理念に置く限り，今日の会計理論は，早晩その存在意義を失くしてしまうであろう。特定の人にとってのみ有用な情報を提供する現在の会計基準設定の基本理念では，社会全体から市民権を得ることは難しい。ある特定の個人に有用な情報を提供するというアプローチでは，すべての株主から承認を得ることはできない。有用性に替わる信頼性を基軸に据えた新たなそして古くからのアプローチ，開示情報信頼性アプローチこそが，金融資本主義に代わる新たな経済レジームのもとで基盤になる，会計学の基本理念に相応しい概念フレームワークである（188頁・図表2）。

　事実計算の測定基準の根幹に取引時点の実際の市場価値（現在価値），すなわち取得原価（過去価値）があったからこそ，会計は，信頼を勝ち取ることができたのである。決して予測や期待の入り混じった使用価値（未来価値）では，ある特定の人には有用であっても，決して大多数の人から信頼を勝ち取ることはできなかったであろう。

■ 公正価値会計の展開

　FASBやIASBが公正価値を「想定日時点で，市場参加者の秩序ある取引において，資産を売却するために受け取るであろう価格または負債を移転するために支払うであろう価格[7]」と定義しているのは，すでに述べてきた通りである。まさしく未来価値であり，具体的には，測定日において支払いが予測される出口価格である。市場価値と将来キャッシュ・フローの割引現在価値（使用価値）の二つから構成されている。しかし，この予測によって決定される価格のどこに，信頼できる客観性が担保されているというのであろうか。

　公正価値が会計基準として最初に使用されたのは，1971年のAICPAに

7　FASB［2006］p-ara.5. IASB［2011］para.9.

よる会計原則審議会（APB）の意見書第18号といわれている[8]。この意見書を引き継いだのがFASBでありIASB，したがってIFRSでもあった。また，包括利益計算書に関する会計基準は，1992年のイギリスの会計基準審議会（ASB）による総認識利得損失計算書が嚆矢であるといわれている。

　どの測定基準をとるかは，会計の目的観とリンクしている。2010年にIASBとFASBが共同で公表したファイナル・ペーパーでは，現在および将来の投資家や銀行などの資金提供者の意思決定に有用な情報を提供することが財務報告の主要な役割であるとしている。具体的な目的として，①受託責任，②利害調整，③情報提供の三つをあげている。ファイナル・ペーパーでは，この有用な情報提供の特性として，目的適合性と忠実な表現をあげているのは，すでに述べた通りである。

　意思決定有用性とか目的適合性といったお題目のもとで，それらを標榜する公正価値会計が会計の中心に据えられ，いつの間にか市民権を得つつあるように思われる。将来キャッシュ・フローの割引現在価値といった予測計算を財務会計の情報提供機能の中心概念とすることには，大きな疑問が残る。なぜなら，外部への報告というある意味で公的な色彩を帯びる財務会計に予測計算を持ち込むことは，同時に大きなリスクを持ち込むことにもなるからである。

■ 公正価値会計の適用範囲

　ASBJは，企業利益を確定する測定基準として，①取得原価，②市場価格，③割引価値，④入金予定額，⑤被投資企業の純資産額にもとづく額，の五つをあげている。①は，いうまでもなく，資産を取得したときの現金価格である。②には，再調達原価と正味実現可能価額（売却時価−アフターコスト）がある。③は，将来キャッシュ・フローの割引現在価値（使用

8　上野［2014］243頁。

価値）を指す。④は，期待される将来キャッシュ・フローを単純に合計した額である。⑤は，被投資会社に対する投資額をいう[9]。とりわけ，③の使用価値が会計の意思決定有用性アプローチのもとで，金融資本主義体制に最も適応した測定基準として承認されるに至っている。これが，そもそも会計の誤りの始まりである。

FASBは，公正価値会計に関する金融資産と金融負債に関する財務会計基準書（SFAS）を作成し，第107号で金融商品の公正価値による開示を規定し，第115号で有価証券を，①満期保有目的有価証券，②売買目的有価証券，③売却可能有価証券（その他有価証券）の三つに分けて説明している[10]。①は償却原価で評価し，②は時価で評価し，評価差額は純資産に計上する。③は時価で評価し，実現損益として損益勘定に転記する。金融資産というのは，現金預金，受取手形，売掛金，貸付金，株式，公社債，および金融派生商品（先物取引，オプション取引，スワップ取引）等をいう。

わが国では，満期保有の有価証券は，取得原価または償却原価で表示するとしている。少し分かりにくいが，償却原価というのは，例えば，５年の償還期限で額面100の社債を90で取得したとすると，５年間で100に戻すことが必要になる。そのためには，毎年の決算ごとに２つずつ加算していけばよい。この２を加算した価額を償却原価という。したがって，初年度の貸借対照表価格は90，次年度以降，92，94，96，98，そして満期日当日に100になる。

こうした面倒で複雑な計算が会計を遠ざける要因になっているのであろう。しかし，金融資本主義を支える公正価値会計が，金融資本への投資によって富める者をますます富ませ，貧しき者を一層貧しくさせ，貧富の差の拡大によって，差別や犯罪や紛争を生み出しているのであれば，そうしたシステムを変えていかなければならない。こうした不条理にたとえ間接

---

9 万代［2007］106-107頁。

10 FASB［193］, SFAS No.115, par.6.

的にしろ会計学が関わっているとすれば，それらを生み出している意思決定有用性アプローチに代わる代替アプローチを提供するのが会計学の責任であり，会計学に関わる者の責務でもある。経済的格差によって生じてくる大きな社会的にして深刻な矛盾を解決するためには，会計学の役割が欠かせないのである。

4 有用性アプローチに代わる信頼性アプローチ

■ 予測計算の虚しさ

　2020年の始まりとともに拡散し始めた新型コロナは，グローバル化の波に乗って瞬く間に広がり，あっという間に全世界を混乱と恐怖に陥れた。経済的なダメージは，リーマン・ショックや東日本大震災を遥かに凌ぐ規模と勢いで拡大した。それどころか，われわれの生命自体が危機と恐怖に直面させられている。

　ペストもまた幾度となく世界を恐怖と混乱に陥れた細菌による感染症の一つである。最初のペストは，紀元前11世紀頃の「サミュエル記第一」に記されていると推定されているが，1348年にアルメリアに端を発し，半世紀にわたりヨーロッパ全土を恐怖に陥れ，繁栄を極めていたヴェネツィアやフィレンツェにも拡大している。その惨状は，ジョバンニ・ボッカチョ（1313-1375）の『デカメロン』にも記されている。このときのペストによって，ヨーロッパでは人口の4分の1しか生き残らなかったともいわれている[11]。17世紀のイギリスにおいても，ペストは瞬く間にロンドンのシティ

---

11 村上［2020］14-15頁，72-74頁，84-85頁。

サン・マルコ寺院（ヴェネツィア）

花の大聖堂・ドゥオーモ（フィレンツェ）

全域に拡散し，当時の人口50万人弱の中で約7万人，7人に1人の犠牲者が出たと伝えられている[12]。また1918年から1919年に全世界を襲ったスペイン風邪でも，世界中を初めわが国も多くの死者を出している。

こうした大惨事を一体誰が予測できたというのであろうか。もちろん，突然に襲ってくる不慮の災害や損害に絶えず備えておくことが必要なのは，いうまでもない。リスクへの対応である。会計の分野においても，リスクヘッジ会計という分野がある。1211年の複式簿記による最古の勘定記録で見られる貸付に対して保証人を立てていたことや，貸倒損失を計上し売掛債権から減額していたのも，まさしくリスクヘッジの一環である。発生主義によって前払地代を計上する実務もすでに13世紀末のファロルフィ商会サロン支店の帳簿に見出せるが[13]，この会計処理も後で「まだもらってな

12　この間の事情は，ピープス氏の日記に詳細に綴られている（臼田［1982］96-114頁）。

13　Alvaro［1974b］pp.405-406. 渡邉［2016］42頁。

い」,「いや払った」といったトラブルを避けるためのリスクヘッジという
こともできる。会計の損益計算を支えてきた発生主義会計は,企業経営に
とって,突然に襲ってくる危険を回避するための極めて重要な認識基準で
あるともいうこともできる。

　これから起きるかも知れないリスクを回避するための方策は,先ず市場
の透明性を確保し,次いでそこに提供する情報の信頼性を担保することで
ある。それにより,現実に生じた正確な情報を手にして,誤った情報によ
る誤った行動を回避することができる。

■ ポストコロナ社会に向けて

　新型コロナは,全世界を瞬時に恐怖と混乱の渦に巻き込んでしまった。
今日のグローバル化した国境なき世界では,ある国で生じた事象が瞬時に
全世界をかけ巡る。

　農林水産省の2018年度の資料によると,わが国の食料自給率は,カロリ
ーベースで37％,生産額ベースで66％といわれている。小麦に至ってはわ
ずか12％に過ぎない。もし,昨今いわれ始めた食料ナショナリズムが蔓延
するようなことになれば,わが国は,直ちに危機に直面する。また,エネ
ルギーの自給率に至っては,経済産業省資源エネルギー庁の2017年の報告
によると,わずか9.6％に過ぎないといわれている。もし,世界からの供
給が止まれば,車はもとより,電気もガスも使えない原始生活に後戻りす
ることになりかねない。グローバリゼーションの光と影である。

　自給するよりも輸入する方が安価であるという経済優先思考が,あらゆ
る分野に浸透し,会計学の分野でも,グローバリゼーションの落し子であ
る国際会計基準が世界を席巻している。こうした一つの価値観への収斂の
光の部分を生かし,影の部分を薄めていくためには,どのような会計学的
思考やアプローチが考えられるのであろうか。現行の国際会計基準の根底
にあるのは,意思決定有用性アプローチである。ある情報が有用であるの

かそうでないのかは，もちろん個人によって大きく異なる。それをただ一つに集約することなど，初めからできない相談である。ということは，有用性を柱に置いて，会計基準や概念フレームワークを設定すること自体が誤った方法といわざるを得ない。基準の柱に据える概念は，個人個人によって異なる有用性ではなく，誰もが納得できる基準でなければならない。それが信頼性なのである。信頼性が複式簿記のしたがって会計学の根幹にあったからこそ，両者は，800年という長い年月にわたり使われ続けてきたといえる。

　会計学を資本主義経済体制の計算構造を支える基柱として成立させてきたのは，ある特定の人にとって有用であったからではなく，誰からも信頼されるシステムであったからである。この誰からも信頼される損益計算システムであったからこそ，すべての人にとって有用になったのである。決して有用性が信頼性に先行するものではない。したがって，私は，この新たな代替アプローチとして，意思決定有用性アプローチではなく，開示する情報の客観性，正確性，透明性，検証可能性等が担保された，「開示情報信頼性アプローチ」という会計理念を設定することにした。この新たなアプローチのもとで，損益計算の基軸になるのが事実性と検証可能性と実現概念である。こうした構成要素によって，有用性アプローチに代わる新たな代替アプローチの会計基準ないしは概念フレームワークの質的特性が規定されることになる。

■ 有用性の限界と代替アプローチの必要性

　高寺貞男は，『可能性の会計学』(1988) において，ギャンブリングの言葉を引用しながら，会計理論と文化は，容易に切り離すことができないほどに密接に関連しあっているため，当然のことながら「社会［文化］の変化はある国の会計理論の変化をもたらすことになる。その結果，それぞれの国や社会は，独自の文化の相異によって，独自の会計理論を形成してい

る^{14}」という。

　今日の会計学の主流は，経済活動を様々な規制から解放し，民間や市場
の自由な意思決定に委ねるという新古典派経済学の考えを強く反映し，個
別的・心理的な意思決定有用性アプローチを重視してきた。しかし，ウォ
ルター・オイキンやフリードリヒ・A・ハイエクやフリードマンによって
提唱された新自由主義の考えが，行き過ぎた規制緩和によって，極度の経
済的格差を生み出してきたといっても過言ではない。この金融資本主義下
の新自由主義を実践的な側面で支え，機能してきたのがある意味でFASB
やIASBによって主導されてきたIFRSであり公正価値会計なのである。

　このように文化や価値観や社会組織の異なる様々な国の会計制度を国際
会計基準という名のもとに，それぞれの社会関係と切り離して統一しよう
とするところに，そもそもの大きな矛盾が存在している。今こそ，個々の
利害の対立を生み出した統一化から脱却し，それぞれの国が長い歴史の中
で育んできた技術史や社会史を含んだ会計史という広い土壌での研究に立
ち返ることが必要になる。なぜなら，会計は，純粋に企業損益を計算する
技法として展開してきただけではなく，また単なる経済学の従属変数とし
て，社会的・政治的な制約のもとで時代の影響を強く受けて展開してきた
からである。

　1970年代後半から1980年代にかけて登場するホップウッドやディビッド・
J・クーパー等は，新古典派の会計学に対する代替パラダイムとイギリス
の批判会計学派としての政治経済学的会計学という観点から，新古典派の
立場に立つ会計学のアプローチに代わる政治経済学的アプローチを提唱し
ている。その特質は，第1に社会の所得・富・権力の配分過程における会
計の役割を解明し，第2に会計が置かれている特殊な歴史的・制度的環境
を重視しながらも単なる技術問題として分析するだけでは不十分とし，第
3に会計の持つ政治経済学の要素に記号体系としての特質を有する会計を

14　高寺［1988］5頁。

通して，相異なる利害関係を持つ人間の潜在能力を認める反情報システムとしての代替アプローチを提案している[15]。

今日の金融資本主義体制のもとでグローバリゼーションの荒波を受け，会計学は，公正価値という未来の不確実な世界に踏み込んでしまった。それ故にこそ，時代の流れに棹さすだけではなく，今一度，会計の損益計算構造を支えてきた複式簿記の原点に立ち返ることが必要である。意思決定有用性という単なる個人的な予測や期待の世界に留まるのではなく，実際の目に見える行動という現象，実現という世界に立ち返ることが望まれる。今われわれが考えなければならないのは，会計の根源である損益計算の損益そのものを期待や予測の世界ではなく，現実に手にすることのできる実現の世界に止めることである。

かつてイギリスの批判会計学派のグループによって，新たな代替アプローチとして政治経済学的アプローチが提案されたが，そうした動きが今日，必ずしも全体を突き動かすほどのうねりになっているとはいい難い。そこで，本書では，歴史的な視点から，検証可能性や事実性，実現性を基軸にした開示情報信頼性アプローチを提案したのである。

■意思決定有用性アプローチに代わる開示情報信頼性アプローチ

FASBやIASBは，比較可能性や統一性を掲げ，各国にアメリカ基準や国際会計基準への統一を強く働きかけてきた。コンバージェンス（収斂），アドプション（適用），エンドースメント（是認）と呼ばれる方法である。わが国では，一方では日本基準との持続的なコンバージェンスを進めながら，他法ではIFRSの任意適用を図るエンドースメントを選択している。

各国の独自の基準とIFRSとの差異を可能な限り縮小させていくというのがコンバージェンスであり，各国にIFRSを全面的に適用させるのがア

15　高寺［1988］52-58頁。

ドプションである。前者の手法は，2001年以降，後者の手法は，2008年以降広く用いられてきた。またエンドースメントというのは，IFRSを国内基準としてそのままか，一部修正の上承認することを指している。EU諸国やわが国の修正国際基準が採用している手法である。しかし，先にも述べたように，わが国は，ASBJが提案する独自の基準でいくかIFRS基準でいくかについては，まだ多くの紆余曲折が予測される。

　国際会計基準への全面的な統一というのは，たとえ部分的な調整やすり合わせがあったとしても，各国が培ってきた独自の文化や慣習や社会制度を異質のものにすげ替えることになる。本来は無理な相談である。この無理な相談を押し通すためには，誰もが納得する看板が必要になる。現代会計学は，この看板に有用性と目的適合性を掲げたのである。意思決定有用性アプローチといわれている会計観がそれである。それがそもそもの誤りの始まりである。何が役に立つか，有用であるのか，どのような目的を持って活動するのかというのは，いうまでもなくそれぞれの国や企業によって異なる。いわんや個人レベルでは，その差はさらに大きくなる。統一目的として，個別的で特殊的な意思決定有用性アプローチを掲げる現代会計の基本理念そのものに誤りがあるといわざるをえない。

　会計の計算構造を支える複式簿記がその誕生以来800年にわたり，また会計学が科学として生成して以来200年にわたり経済社会を実質的側面から広く支えてきたのは，その根底に信頼性があったからである。会計学が社会科学として，また社会制度としての役割を果たしていくためには，有用性に支えられた現代会計学の基本思考を信頼性に支えられた概念フレームワークに再編することが望まれる。それが歴史の教えてくれるところである。著者は，それを開示情報信頼性アプローチと名づけることにした。この代替アプローチと国際会計基準や日本の公開草案の基準とを比較すれば次のようになる。

図表2　会計思考の基本的な特質の比較

	IFRS	ASBJ	代替提案基準
会計観	資産負債アプローチ	資産負債アプローチ	収益費用アプローチ
財務報告目的	意思決定有用性アプローチ	意思決定有用性アプローチ	開示情報信頼性アプローチ
認識基準	発生可能基準，実現可能基準	発生（可能）基準，実現（可能）基準	発生基準，実現基準
測定基準	公正価値	取得原価と公正価値の混合測定	取得原価と市場価値の混合測定
利益概念	包括利益	リサイクリングによる包括利益と当期純利益	当期実現利益，（情報価値として必要に応じて包括利益を脚注表示）
財務報告の質的特性	目的適合性，忠実な表現	意思決定との関連性，信頼性	信頼性，検証可能性
補強的な質的特性	比較可能性，検証可能性，適時性，理解可能性		事実性，客観性，透明性
構成要素	予測価値，確認価値，重要性，測定の不確実性，経済優先，完全性，中立性，伸張性，無誤謬性	表現の忠実性，検証可能性，中立性	取得原価，実現性，完全性，中立性，照合性，比較可能性
制約条件	測定，正確性，信頼	内的適合性，比較可能性	適正な分配，内部留保限，税法の改定

■ 新古典派会計学に背を向けて

　金融資本主義経済のもとで，経済的格差が拡大し，貧困や差別によって犯罪や紛争が多発し，多くの人が経済的にも生活的にも困窮する状況が生み出されてきた。この不条理な経済体制を支えているのが意思決定有用性アプローチといえる。

　この不合理な会計システムに代わる新たな代替アプローチが，繰り返し

になるが先に述べた1980年代のイギリスのホップウッドやクーパーやリチャード・C・ラーフリンといったイギリス批判会計学派と呼ばれる人たちの主張である。彼らの提示する代替アプローチは，金融経済学の分野で新古典派の研究者によって用いられた仮定と方法にもとづいて構築された意思決定有用性アプローチや公正価値会計を批判し，新たに組織や社会における所得や富や権力の配分過程における会計の情報提供機能に焦点を合わせて，組織内や社会における権力と利害の対立に焦点を当てた政治経済的アプローチである。この新たなアプローチのためには，組織や社会を構成している人たちの間で生じる不協和音の調整を行うことが必要になる。こうして，会計学をソーシャル・サイエンスというよりもむしろポリティカル・サイエンスとして捉える視点から，現行の会計システムに代わる新たなアプローチによって会計理論を再構成しようというのである。

　そのためには，会計を単なる損益計算の技法として捉えるだけでは不十分で，社会や組織一般の歴史的で制度的な背景や構造を重視することが重要になる。現実に存在する様々な会計制度の単なる枠組みや特質を分析するだけでは，新しい代替システムを提供することは難しい。何よりも重要なのは，現行の会計システムを歴史的にしっかりと捉え，そこにもし矛盾点があれば的確に批判し，それに代わる新たな代替案を提示することが大切である。そうして初めて，今日の国際会計基準がとる公正価値会計に代わる新たな代替システムないしはアプローチが見えてくる。

　これが先の図表2で提示した私の「開示情報信頼性アプローチ」である。提供する情報が事実性，検証可能性や客観性に担保された信頼性によって初めて，特定の個人や企業や国にとっての有用性ではなく，広く社会にとっての有用性に変容することが可能になる。これがここで提案する合理的な代替アプローチ，すなわち開示情報信頼性アプローチなのである。

■ これからの会計学

IASB，あるいはFASBやアメリカの証券取引委員会（SEC）がとる意思決定有用性アプローチにおける損益計算の測定基準は，公正価値である。公正価値の基軸は，使用価値すなわち将来キャッシュ・フローの割引現在価値という未来計算である。この未来という不確定な予測計算にどのような客観性を与えるのか，あるいは理論的にサポートしていくのかという新しい基本的な特性が必要になる。事実にもとづく信頼性概念を，不確定な将来キャッシュ・フローによる未来計算の正確性を担保する概念として用いることには，無理がある。そのため，矛盾した表現になるが，信頼性に替わって信頼を担保する概念が必要になったのである。それがIASBやFASBがいう忠実な表現とか受託責任という概念である。しかし，それらは，所詮便宜的に作り出された用語に過ぎないことは，すでに見てきた通りである。

会計の第一義的役割は，情報提供である。この情報の中心を何に求めるかが重要になる。今日の国際会計基準は，これを有用性に置き，これを支える基本的な質的特性として目的適合性や忠実な表現をあげている。国際会計基準は，それぞれの文化や宗教や慣習や社会制度が全くといっていいほど異なる国に，ただ一つの共通のシステムや考え方を，多少の調整を加えながらも，無理やりを押しつけているのである。それ自体が無理なことである。

どのような新たな概念で理論武装しようとも，その根本にただ一つの有用性や目的適合性といった考えを置く限り，汎用的で統一的な制度や基準を設定することは，当初より無理な作業である。すべての国々，すべての利害関係者に共通する一つの有用性や目的適合性などあり得るはずがない。国際会計基準として統一的な概念フレームワークを設定するためには，有用性アプローチを基軸に据えること自体が誤りなのである。有用性は，人それぞれによって異なり，国や社会や企業や個人によっても異なるからで

ある。誰にでも当てはまる統一的な有用性などあり得ないことである。

■新たな地平に向かって

　もし，グローバル化した全世界に共通する汎用的な一つの共通基準を設定するのであれば，意思決定有用性アプローチに代わる代替アプローチの設定が必要になる。そのヒントが歴史にある。すなわち，代替アプローチの基盤になるのが，会計を800年にわたり支え続けてきた信頼性である。会計は，利害関係者への財務情報提供システムであるが，特定の個人にとっての有用性ではなく，誰れもが信頼できる情報の開示が重要になる。この代替アプローチが新たに提案する開示情報信頼性アプローチである。財務情報の信頼性を支える基準の質的特性として，事実性，客観性，検証可能性，透明性といった構成要素が必要になる。財務会計の役割は，あくまでも現状を正確に判断するための信頼できる情報を提供することにある。決して予測にもとづくバラ色の世界を開示することではない。

　金融資本主義という時代の要求に応え，特定の投機家や投資ファンドという大資本家の有用性のみを配慮し，結果的に経済的格差を増大させ，貧困や差別あるいは犯罪や紛争を生み出す現象に，会計基準がたとえ間接的にしろ関与しているのであれば，立ち止まって会計学の果たす真の役割に適応した新たな会計システムの構築に目を向けなければならない。それこそが，特定の個人のためではなく社会自体に果たす会計学の役割であり責務なのである。そのときに初めて，会計学は，多くの人にとって有用性を持つことができる。

　世界中を恐怖と錯乱に陥れている新型コロナもいつかは，終息を迎える日がくるのであろうか。それともワクチンや治療薬とともに共存していかなければならないのか。今まさに，これまでの金融資本主義から市民社会中心の新たな世界への転換期である。それに合わせて，会計学もまた新たな経済レジームに対応できる新たな会計基準や会計制度を打ち立てるとき

である。歴史の教えに従って，会計の損益計算構造を支える複式簿記の誕生当初の役割に立ち返ることが望まれる。信頼性という会計の原点への回帰である。新たな代替アプローチとして，事実性や実現性に支えられた信頼性を基軸にした開示情報信頼性アプローチにもとづいて，世界がそして社会が納得できる具体的な概念フレームワークの構築が強く望まれる。

　新型コロナショックによって，経済に与えるダメージは，リーマン・ショックを遥かに超え，報道によると，IMFの試算では，経済損失は，2年間で12.5兆ドル（約1,300兆円）にも及ぶと試算されている。経済が止まってしまうとわれわれの生活自体も死んでしまう。今まさに経世済民である経済学やその産業構造のあり方自体が根本的に見直されるときである。経済学の計算構造を実質的に支える会計学もまた然りである。

　アルベール・カミュ（1913-1960）は，『ペスト』の最後で，「おそらくはいつか，人間に不幸と教訓をもたらすために，ペストが再びその鼠どもを呼びさまし，どこかの幸福な都市に彼らを死なせに差し向ける日が来るであろう[16]」と締めくくっている。会計学もまた，金融資本主義によって壊された本来の姿を取り戻すために，そして再び襲ってくる新たな脅威に備えて，利益追求至上主義，あるいは有用性至上主義の制度や基準を見直すことが強く望まれる。会計学の原点である信頼性の回復に向けた新たな代替アプローチを提示していかなければならない。利益追求という際限のない欲望が再び人の心を壊し，会計学を壊してしまう前に。

16　カミュ著，宮崎訳［2004］458頁。

あとがき

　本書の草稿に取りかかった頃，ある日突然，新型コロナウイルスが襲ってきた。瞬く間に多くの人の命を奪い，世界中を不安と恐怖と錯乱に陥れた。人命を優先するか，それとも経済か。そんな選択は，子どもに「お母さんとお父さん，どっちが好き」と問いかけるようなものである。人の世が経済活動によって成り立っているのを，今更ながら思い知らされる。本書の初めで述べたところであるが，新型コロナに打ち勝つ最良の方策は，ロックダウンだという。しかし，それでは，社会がそして経済が死んでしまう。どうすれば良いのか。

　呻吟の末，当初抱いていた構想を一から見直すことにした。社会科学である以上，生き死に直面する経済問題を遣り過ごすわけにはいかないからである。本文中にも書いたように，新型コロナの特効薬は，ソーシャル・ディスタンス，人と人との交わりを断つことだという。それでは人間社会は，成り立たなくなる。では，どうするのか。それでもやはり，しばらくの間は，すべてに優先して外出を控えることである。国の強制力によってではなく，個人個人が自覚を持って対処することにかかっている。それが民主主義である。民主主義とは，個人が力を蓄えることである。どのような状況下でも，個々人が的確な判断を下せる自制力を持つことである。

　経済学は，国を治め民を救うための科学である。それが崩壊してしまったのでは，話にならない。そのために，誤った決断をさせないための正確で事実にもとづく信頼できる情報を，包み隠さず提供することが必要になる。情報にも様々な内容が存在するが，経済的側面から財務に関わる様々な情報を提供するのが会計学である。

　医学のことは分からないため，本書は，経済的な側面に限定して書き下ろした。新型コロナは，すべての人に襲いかかる。しかし，結果的には，経済的・社会的弱者に大きくのしかかってくる。そうした人たちをどのよ

うにして守っていくのか。破壊された経済活動をどのように立て直してい
けばよいのか。今まさに，新たな経済レジームとそれを支える新たな会計
制度の再構築，すなわち科学の役割と責務が問われている。

　今日の新自由主義的な考え方のもとでは，経済的な格差は拡大し，富め
る者はますます富み，貧しき者はますます貧しくなる状況を生み出してい
く。その結果，貧困にもとづく偏見や差別により，多くの犯罪や紛争が横
行する。もし，会計学がこうした不条理にたとえ結果的であったとしても
加担していることになっているのであれば，その責任は，重大である。経
済学を損益計算という具体的な側面から支えてきた会計学は，この矛盾を
わずかでも少なくする新しいシステム作りに向けて，新たな制度や基準あ
るいは法律を提案していくことが喫緊の課題である。今こそ，会計学の出
番なのである。

　そこで本書では，歴史の視点から現代会計が抱える光と影に焦点を当て，
会計の本来の役割を再検討し，誕生と同時に共有してきた会計学の本質に
立ち返る必要性を説くことにした。歴史こそが現代に生きるわれわれの審
判なのである。さて，本書は，その審判の役割を果たすことができたであ
ろうか。戸惑いを覚えながらの上梓である。多くの読者の裁定に待たなけ
ればならない。序論の冒頭でも述べたE・H・カーの言葉「歴史とは歴史
家と事実との間の相互作用の不断の過程であり，現在と過去との間の尽き
ることを知らぬ対話なのであります」を思い浮かべながら，現代会計が進
もうとしている方向に一石を投じてみた。

　そこで本書では，歴史というフィルターを通して，会計学の原点回帰の
必要性を説くことにした。今日，現代会計学が拠り所にしている意思決定
有用性アプローチに代わる代替アプローチ，開示情報信頼性アプローチを
提示し（終章・図表2），読者の審判を仰ぎたいと願っている。そのため，
大きく加筆修正を加えてはいるが，本書の第1章，第3章の骨子は，先に
著した『会計学者の責任－歴史からのメッセージ』（森山書店）で主張し
た第7章と第8章の内容を受けて展開している。その意味では，前著の主

張に引き継いだ続編ともいえる問いかけである。

　新たな地平に一歩を踏み出していくときに忘れてはならないのは，単に変革することではなく，絶えず歴史に立ち返り，それが持つ本来の役割が何であったかについて，しっかりとした対話から始めることが大切になる。行き過ぎた金融資本主義，ある意味では賭け事にも似た経済レジームが貧困や格差による犯罪や紛争といった様々な矛盾を生み出している。これを解決するには，利害が対立するお互いへの批判，昨今いわれる「OKブーマー」だけでは，何も生まれてこない。座標を異にした新たな対立と分断が深まるばかりである。必要なのは，互いの対話と協調によって，今一度原点を見つめ直し，歴史に立ち返って進むべき道標を示していくことである。それぞれの科学の役割を再認識することである。既定観念ではなく，新たな視点によって社会や経済のあり方，人の生き方を変革していくことが重要になる。そうした側面から，本書は，新たな価値観を求めて新たな地平に踏み出す模索としてまとめてみた。現代会計学への批判であり，著者の反会計学としての意思と表象でもある。

　あまりにも大きなテーマなので，舌足らずのままで筆を置くことになったかも知れない。もし，本書での問題提起に関心を寄せて，会計学に関わる法整備，あるいは理論や基準設定に向けた新たな提案が出てきてくれることを願いたい。

　最後になったが，市場性をあまり期待できない本書の出版を快くお引き受け頂いた同文舘出版代表取締役社長中島治久氏，編集や具体的な構成に深く尽力を頂いた青柳裕之氏，ならびに編集委員の各位に心から謝意を申し上げる。現代会計学が進もうとする行き先に，なぜなしに不安を感じている多くの人に読んでもらえることを願い，また様々な角度からのご批判を待ちつつ，筆を置くことにする。

　　2020年夏　斑猫の後を追いかけながら

　　　　　　　　　　　　　　　　　　　　　　　　　渡邉　泉

参考文献

AAA［1957］"Accounting and Reporting Standards for Corporate Financial Statements 1957 Revision", *The Accounting Review*, Vol.32 No.4.

──── ［1966］*A Statement of Basic Accounting Theory*, Illinois. 飯野利夫訳［1969］『アメリカ会計学会　基礎的会計理論』国元書房。

──── ［2007］, "The FASB's Conceptual Framework for Financial Reporting, A Critical Analysis", *Accounting Horizons*, Vol.21 No.2, June.

Alvaro, Martinelli［1974a］*The Origination and Evolution of Double Entry Bookkeeping to 1440*, Part1, Michigan & London.

──── ［1974b］*The Origination and Evolution of Double Entry Bookkeeping to 1440*, Part2 Michigan & London.

Booth, Benjamin［1789］*A Complete System of Book-keeping, by an improved Mode of Double-Entry*, London.

Broadbridge, Seymour［1970］*Studies in Railway Expansion and the Capital Market in England, 1825-1873*, Guildford and London.

Bromwich, Michael［1985］*The Economics of Accounting Standard Setting*, Prentice Hall.

Bromwich, Michael and Anthony G. Hopwood eds.［1981］*Essays in British Accounting Research*, Pitman.

Bryant, H.B., H.D. Stratton, and S.S. Packard［1871］*Bryant and Stratton's Common School Book-keeping; Embracing Single and Double Entry*, New York.

Bywater, M.F. and B.S. Yamey［1982］*Historic Accounting Literature: a companion guide*, Yushodo.

Chambers, R.J.［1960］"Conditions of Research in Accounting", *The Journal of Accountancy*, December.

Chatfield, Michael［1974］*A History of Accounting Thought*, Illinois. 津田正晃・加藤順介共訳［1978］『チャットフィールド会計思想史』文眞堂。

Defoe, Daniel［1727］*The Complete English Tradesman*, Vol.I, London, 2nd ed., (1st ed., 1725), Reprinted 1969 in New York.

De Roover, Raymond [1974] *Business, Banking, and Economic Thought*, Chicago & London.

Edwards, J.R. ed. [1980a] *British Company Legislation and Company Accounts 1844-1976*, Vol.1, New York.

———— [1980b] *British Company Legislation and Company Accounts 1844-1976*, Vol.2, New York.

Edwards, J.R. and Baber, C. [1979] "Dowlais Iron Company:Accounting, Policies and Procedures for Profit Measurement and Reporting Purposes", *Accounting and Business Research*, Vol.9 No.34, Spring.

Edey, H.C. and Prot Panitpakdi [1956] "British Company Accounting and The Law 1844-1900", in Littleton, A.C. and B.S. Yamey eds., *Studies in The History of Accounting*, London.

FASB [1976] *An Analysis of Issues Related to Conceptual Framework for Financial Accounting and Reporting: Elements of Financial Statements and Their Measurement*, FASB Discussion Memorandum, USA. 津守常弘監訳 [1997],『FASB財務会計の概念フレームワーク』中央経済社。

———— [1984] *Statement of Financial Accounting Concepts*, No.6, "Qualitative Characteristics of Accounting Information". 平松一夫, 広瀬義州共訳 [1994]『FASB財務会計の諸概念 [改訳新版]』中央経済社。

———— [1993] Fundamental Accounting Standard Board, SFAS No.115.

———— [2006] Fair Value Measurements, SFAS No.157.

FASB/IASB [2006] Discussion Paper, Preliminary Views on an Improved Conceptual Framework for Financial Reporting: The Objective of Financial Reporting and Qualitative Characteristics of Decision-Useful Financial Reporting Information.

———— [2008] FASB; Exposure Draft, Conceptual Framework for Financial Reporting: The Objective of Financial Reporting and Qualitative Characteristics and Constraints of Decision-Useful Financial Reporting Information. IASB; Exposure Draft, An Improved Conceptual Framework for Financial Reporting: Chapter 1: The Objective of Financial Reporting, Chapter 2: Qualitative Characteristics and Constraints of Decision-Useful Financial Reporting Information.

Gambling, Trevor E. [1974] *Societal Accounting*, George Allen and Unwin.

———— [1978] *Beyond the Conventions of Accounting*, Macmillan.

———— [1984] *Positive Accounting: Problems and Solutions*, Macmillan.

Glamorgan County Record Office [1960] *Iron in The Making. Guide to Exhibition Held County Hall*, Glamorgan County Records Committee.

Glamorgan Record Office, D/DG, E3 (ii).

Glasgow University Archives ed., *Business Records Guide*, UGD 91.

Goddard, Thomas H. [1834] *The Merchant, or Practical Accountant*, 4th ed., New York.

Have, Onko Ten [1956] "*Simon Stevin of Bruges*", Littleton, A.C. and B.S. Yamey eds., *Studies in the History of Accounting*, London.

Hayes, Richard [1731] *Modern Book-keeping: or, The Italian Method Improved*, London.

———— [1741] *The Gentleman's Complete Book-keeper*, London.

Hoopwood, Anthony G. [1984] "Archaeology of Accounting Systems", A Paper Presented to the Conference on the Role of Accounting in Organizations and Society, Graduate School of Business, University of Wisconsin, July 12-14.

Hunter, W.W. [1912] *A History of British India*, Vol.1, London, New Impression.

Hutton, Charles [1771] *The School master's guide: or, A complete system of practical arithmetic and book-keeping, both by single and double entry, Adapted to the use of schools*, New Castle.

———— [1785] *A Complete Treatise on Practical Arithmetic; and Book-keeping Both by Single and Double Entry*, 7th ed., London.

IASB [2004] "Chapter 3: The IASB's conceptual framework- an obstacle to international harmonisation", *Ludwig Erhard Lectures 2004*.

———— [2006a] "Framework for the Preparation Presentation of Financial Statements", par.82. 企業会計審議委員会 [2006] 「財務諸表における認識と測定」23頁。

———— [2010] *Conceptual Framework for Financial Reporting 2010, Chapter 3: Qualitative characteristics of useful financial information*.

───── 〔2011〕IFRS 13, Fair Value Measurement, Defined terms.

───── 〔2014〕IFRS 15, Revenue from Contracts with Customers.

───── 〔2018〕IFRS, Conceptual Framework, Project Summary.

Jones, Edgar〔1987〕*A History of GKN, Vol.1: Innovation and Enterprise, 1759-1918*, Houndmills.

Kats, P.〔1929〕"Early History of Bookkeeping by Double Entry", *The Journal of Accountancy*, Vol.XLVII,

Lev, Baruch and Feng Gu〔2016〕*The End of Accounting and The Path Forward for Investors and Managers*, New Jersy. 伊藤邦雄監訳〔2018〕『会計の再生─21世紀の投資家・経営者のための対話革命』中央経済社。

Lisle, George ed.〔1903〕*Encyclopaedia of Accounting*, Vol.1, Edinburgh.

Littleton, A.C.〔1966〕*Accounting Evolution to 1900*, 2nd ed.（1st ed. 1933）, New York. 片野一郎訳〔1995〕『リトルトン会計発達史〔増補5版〕』同文舘出版（初版1952年）。

───── （1967）*Structure of Accounting Theory*, 7th ed.（1st ed. 1953）, Illinois. 大塚俊郎訳〔1966〕『会計理論の構造〔第4刷〕』東洋経済新報社（初刷1955年）。

Littleton, A.C. and B.S. Yamey eds., *Studies in the History of Accounting*, London.

Macve, Richard H.〔2014〕"Fair Value vs conservatism? Aspects of the history of accounting, auditing, business and finance from ancient Mesopotamia to modern China", *The British Accounting Review*, No. XXX, Vol.47 No.2.

Matheson, Ewing〔1903〕*The Depreciation of Factories and Their Valuation*, 3rd ed., London and New York.

Moss, Michael〔1984〕"Forgotten Ledgers, Law and The Business Historians: Gleanings from The Adam Smith Business Records Collection", *Archives*, Vol XVI No.72.

Murray, David〔1930〕*Chapters in the History of Bookkeeping Accountancy & Commercial Arithmetic*, Glasgow.

Ohlson, James A.〔1995〕"Earnings, Book Values, and Dividends in Equity Valuation", *Contemporary Accounting Research*, Vol.11 No.2.

Paton, W.A. [1922] *Accounting Theory :with special reference to the corporate enterprise*, New York.

Parker, R.H. [1886] *The Development of the Accountancy Profession in Britain to the Early Twentieth Century*, The Academy of Accounting Historians, Monograph Five. 友岡賛・小林麻衣子共訳 [2006]『会計士の歴史』慶應義塾大学出版会。

Previts, Gary John [1979] *A History of Accounting in America: an Historical Interpretation of the Cultural Significance of Accounting*, Barbara Dubis Merino.

Sabine, B.E.V. [1966] *A History of Income Tax*, London.

Sombart, Werner [1919] *Der moderne Kapitalismus*, 3 Aufl, 2 Band, 1 Halbband.

Stevin, Simon [1605] *Vierde Stuck Der Wisconstighe Ghedachtenissen Vande Weeghconst*, "Schvltbovck in Bovkhovding", Leyden.

Taylor, R. Emmett [1942] *No Royal Road Luca Pacioli and his Times*, USA.

Vatter, William J. [1947] *The Fund Theory of Accounting and Its Implications for Financial Reports*, Chicago and London. 飯岡透・中原章吉共訳 [1971]『資金会計論』同文舘出版。

VHS, "Luca Pacioli Unsung Hero of the Renaissance" by South-Western Co.

Watanabe, Izumi ed. [2014] *Fair Value Accounting in Historical Perspective*, Moriyama-Shoten.

Wyatt, Arthur R. [1983] "Efficient Market Theory: Its Impact on Accounting", *Journal of Accountancy*, February.

Yamey, B.S. [1978] *Essays on the History of Accounting*, New York.

———— [1944] "Edwards Jones's English System of Bookkeeping", *Accounting Review*, Vol.XIX No.IV.

Ympyn, Jan Christoffels [1543] *Nieuwe Instructie*, Antwerpen.

———— [1543] *Nouuelle Instruction*, Antwerpen.

———— [1547] *A Notable and very excellente Woorke*, London.

天川潤次郎 [1966]『デフォー研究―資本主義経済思想の一源流―』未来社。

荒井政治 [1963]『イギリス近代企業成立史』東洋経済新報社。

安藤英義［2010］「簿記の財務会計化と『資本』衰退への危惧」『會計』第177巻第6号。

池田幸典［2016］『持分の会計―負債・資本の区分および資本取引・損益取引の区分』中央経済社。

石川純治［2011］『複式簿記のサイエンス』税務経理協会。

―――――［2018］『基礎学問としての会計学―構造・歴史・方法』中央経済社。

泉谷勝美［1964］『中世イタリア簿記史論』森山書店。

―――――［1997］『スンマへの径』森山書店。

伊藤邦雄［2020］『新・現代会計入門　第4版』日本経済新聞出版社。

伊藤邦雄・鈴木智英共著［2018］「対談：果たして『会計の再生』は可能か」『企業会計』Vol.70 No.12。

稲盛和夫［1998］『稲盛和夫の実学―経営と会計』日本経済新聞出版社。

井上良二［2008］『新版財務会計論』税務経理協会。

入不二基義［2002］『時間は実在するか』講談社現代新書。

岩井克人［1992］『ヴェニスの商人の資本論』ちくま学芸文庫。

―――――［2006］『21世紀の資本主義論』ちくま学芸文庫。

―――――［2014］『資本主義から市民主義へ』ちくま学芸文庫。

岩崎　勇［2015］「IFRSの概念フレームワークについて―AAAのFASCの見解を中心として」『経済学研究』第81巻第5・6合併号。

―――――［2019］『IFRSの概念フレームワーク』税務経理協会。

岩田　巌［1955］「（遺稿）二つの簿記学―決算中心の簿記と会計管理のための簿記―」『産業経理』第15巻第2号。

―――――［1969］『利潤計算原理』同文舘，第6刷（初版1956年）。

上野清貴［2014］『会計測定の思想史と論理―現在まで息づいている論理の解明』中央経済社。

ヴェーバー，マックス著，大塚久雄訳［1989］『プロテスタンティズムの倫理と資本主義の精神』（改訳），岩波文庫。

臼田　昭［1982］『ピープス氏の秘められた日記―17世紀イギリスの紳士の生活―』岩波新書。

大隅健一郎［1956］『株式會社法變遷論』初版第2刷（第1刷1953年），有斐閣。

大塚久雄［1969］『大塚久雄著作集第一巻　株式会社発生史論』岩波書店。

大野真弓［1973］『イギリス史（新版)』山川出版社（初版1965年）。

岡本　清［1969］『米国標準原価計算発達史』白桃書房。

小栗崇資［2014］『株式会社会計の基本構造』中央経済社。

―――――［2019］「内部留保を賃上げに回せ」『毎日新聞』9月25日，朝刊11面。

―――――［2020］「積み上がる内部留保下，年間増加分に課税も」『日本経済新聞』
　　3月5日，朝刊25面。

大日方隆［2007］「会計情報の質的特性」斎藤静樹編著［2007］『詳解討議資料
　　財務会計の概念フレームワーク　第2版』中央経済社。

カー，E. H. 著，清水幾太郎訳［1962］『歴史とは何か』岩波新書。

笠井昭次［2000］『会計の論理』税務経理教会。

上總康行［1989a］『アメリカ管理会計史（上巻）』同文舘。

―――――［1989b］『アメリカ管理会計史（下巻）』同文舘。

カミュ，アルベール著，宮崎嶺雄訳［2004］『ペスト』64刷改版，初版1969年，
　　新潮文庫。

河原　温［2006］『ブリュージュ―フランドルの輝ける宝石』中公新書。

企業会計基準委員会［2018］「企業会計基準第29号」「収益認識に関する会計基準」。

岸　悦三［1982］『会計前史―パチョーリ簿記論の解明―』同文舘出版。

木村　敏［1982］『時間と自己』中公新書。

久保田秀樹［2013］「伝統的時価主義会計と公正価値測定」渡邉泉編著『歴史か
　　ら見る公正価値会計』森山書店。

國部克彦［2017a］「正義論から見た公正価値会計」神戸大学ディスカッション
　　ペーパー No.24.

―――――［2017b］『アカウンタビリティから経営倫理へ』有斐閣。

小島男佐夫［1961］『複式簿記発生史の研究』森山書店。

―――――［1971］『英国簿記発達史』森山書店。

サークス，ジョオン著，三好洋子訳［1984］『消費社会の誕生―近世イギリスの
　　新企業―』東京大学出版会。

斎藤静樹［2012］「会計基準と基準研究のあり方―整合性・有用性・規範性―」
　　大日方隆編著『会計基準研究の原点』中央経済社。

―――――［2020］「会計測定のシステムと名目勘定の役割」『會計』第198巻第2号。

―――――編著［2007］『詳解討議資料 財務会計の概念フレームワーク第2版』
　　中央経済社。

齋藤真哉［2014］「公正価値測定の導入経緯」北村敬子編『財務報告における公

　　正価測定』中央経済社。

齋藤寛海［2002］『中世後期イタリアの商業と都市』知泉書館。

櫻井弘蔵［1968］『会計監査論』中央経済社。

清水廣一郎［1982］『中世イタリア商人の世界』平凡社。

慎改康之［2019］『ミシェル・フーコー──自己から脱け出すための哲学』岩波新書。

末永國紀［1997］『近代近江商人経営史論』有斐閣。

高槻泰郎［2018］『大坂堂島米市場─江戸幕府VS市場経済』講談社現代新書。

高寺貞男［1971］『会計政策と簿記の展開』ミネルヴァ書房。

───［1984］『会計学パラドックス』同文舘。

───［1988］『可能性の会計学』三嶺書房。

───［1992］『会計と組織と社会』三嶺書房。

───［2002］『会計と市場』昭和堂。

高寺貞男・草野真樹共著［2004］「公正価値概念の拡大─その狙いと弱み」『大阪経大論集』第55巻第2号。

玉木俊明［2009］『近代ヨーロッパの誕生─オランダからイギリスへ─』講談社選書。

千葉準一［1991］『英国近代会計制度─その展開過程の探究』中央経済社。

千代田邦夫［1987］『公認会計士─あるプロフェッショナル100年の闘い』文理閣。

───［1994］『アメリカ監査論─マルチディメンショナル・アプローチ＆リスク・アプローチ』中央経済社。

辻　厚生［1988］『改訂増補　管理会計発達史論』有斐閣。

辻山栄子編著［2015］『IFRSの会計思考─過去・現在そして未来への展望』中央経済社。

───［2018］『財務会計の理論と制度』中央経済社。

辻山栄子司会，斎藤静樹・安藤英義・小野行雄・今給黎真一［2019］「創刊70周年記念座談会　平成『後』の会計基準へ」『企業会計』Vol.71 No.1。

徳賀芳弘［2002］『会計基準における混合会計モデルの検討』IMES Discussion Paper No.2011-J-19, 日本銀行金融研究所。

長島伸一［1987］『世紀末までの大英帝国─近代イギリス社会生活史素描』法政大学出版局。

中村萬次［1978］『原価計算発達史論』国元書房。

───［1991］『英米鉄道会計史研究』同文舘出版。

中野常男［2012］「18世紀英国の金融不祥事と会計監査─『南海の泡沫』（1720）とスネルの『監査報告書』」神戸大学ディスカッションペーパーNo.17。

西川孝治郎［1959］『複製・パチョーリ簿記論』森山書店。

─────［1971］『日本簿記史談』同文舘。

─────［1982］『文献解題　日本簿記学生成史』雄松堂。

西川　登［2019］『簿記会計等雑稿─退職記念品』有限会社ヘイワプリントシステム。

ニーチェ，フリードリヒ・ヴィルヘルム著，三島憲一訳［1984］「遺された断想」『ニーチェ全集』第2期第9巻。

西村孝夫［1966］『改訂版イギリス東インド会社史論─イギリス東インド貿易及び貿易思想史研究への序論』啓文社。

野矢茂樹［2007］『大森荘蔵─哲学の見本』講談社。

原　征士［1989］『わが国職業的監査人制度発達史』白桃書房。

原　丈人［2017］『「公益」資本主義─英米型資本主義の終焉』文春新書。

平松一夫編著［2007］『国際財務報告論─会計基準の収斂と新たな展開』中央経済社。

廣本敏郎［1993］『米国管理会計論発達史』森山書店。

ピケティ，トマ著，山形浩生・守岡桜・森本正史共訳［2014］『トマ・ピケティ　21世紀の資本』みすず書房。

ファーガソン，ニーアル著，仙名紀訳［2015］『マネーの進化史』早川書房。

福澤諭吉譯［1873］『帳合之法　初編一，2』慶應義塾出版局。

─────［1874］『帳合之法　本編一，2』慶應義塾出版局。

藤井秀樹［2015］『入門財務会計』中央経済社。

ヘーゲル，ゲオルク・W・フリードリヒ著，高峯一愚訳［1983］『ヘーゲル　法の哲学　自然法と国家学』論創社。

─────，長谷川宏訳［2013］『歴史哲学講義（上）』岩波文庫，第26刷。

星川長七［1960］『英国会社法序説』勁草書房。

本間輝雄［1963］『イギリス近代株式会社法形成史論』春秋社。

ポーター，ロイ著，目羅公和訳［1996］『イングランド18世紀の社会』法政大学出版局。

ボワイエ，ロベール著，山田鋭夫・坂口明義・原田裕治監訳［2011］『金融資本主義の崩壊─市場絶対主義を超えて』藤原書店。

松井　透［1999］『世界市場の形成』岩波書店，第6刷（初刷1991年）。

松本敏史［2008］「財務会計と管理会計の新たな融合—JSOX法，減損会計，包括利益概念の特徴を考える—」『會計』第173巻第5号。

――――［2015］「収益認識プロジェクト—理論と慣習の相克」辻山栄子編著『IFRSの会計思考—過去・現在そして未来への展望』中央経済社。

万代勝信［2007］「財務諸表における認識と測定」斎藤静樹編著『詳解討議資料　財務会計の概念フレームワーク第2版』中央経済社。

三浦伸夫［2016］『フィボナッチ—アラビア数学から西洋中世数学へ—』現代数学社。

村上陽一郎［2020］『ペスト大流行—ヨーロッパ中世の崩壊』岩波新書（初刷1983年）。

村田直樹［2001］『鉄道会計発達史論』日本経済評論社。

山浦久司［1993］『英国株式会社会計制度論』白桃書房。

山本義隆［2018］『近代日本150年—科学技術総力戦体制の破綻』岩波新書。

レブ，バルーク，フェン・グー共著，伊藤邦雄監訳［2018］『会計の再生』中央経済社。

湯沢　威［2014］『鉄道の誕生—イギリスから世界へ—』創元社。

百合野正博［2016］『会計監査本質論』森山書店。

渡邉　泉［1983］『損益計算史論』森山書店。

――――［1993］『決算会計史論』森山書店。

――――［2005］『損益計算の進化』森山書店。

――――［2008］『歴史から学ぶ会計』同文舘出版。

――――［2009］「会計目的のパラドクス—信頼性と有用性の狭間—」『會計』第175巻第5号。

――――［2014］『会計の歴史探訪—過去から未来へのメッセージ』同文舘出版。

――――［2016］『帳簿が語る歴史の真実—通説という名の誤り—』同文舘出版。

――――［2017］『会計学の誕生—複式簿記が変えた世界』岩波新書。

――――［2019a］『会計学者の責任—歴史からのメッセージ』森山書店。

――――［2019b］「『単式簿記から複式簿記へ』の再再考」『會計』第196巻第4号。

――――［2020］「簿記，会計そして会計学の歴史—簿記，会計の生成史を巡って—」『産業経理』Vol.80 No.20。

索 引

【著者略歴】

渡邉 泉（わたなべ いずみ）

1943年神戸市に誕生。関西学院大学商学研究科博士課程満期退学後，大阪経済大学専任講師，助教授，教授をへて，日本会計史学会会長，大阪経済大学学長を歴任。現在大阪経済大学名誉教授，商学博士。

著書：『損益計算史論』森山書店，1983年。『決算会計史論』森山書店，1993年。『損益計算の進化』森山書店，2005年。『歴史から学ぶ会計』同文舘出版，2008年。『会計の歴史探訪―過去から未来へのメッセージ』同文舘出版，2014年。『帳簿が語る歴史の真実―通説という名の誤り』同文舘出版，2016年。『会計学の誕生―複式簿記が変えた世界』岩波新書，2017年，『会計学者の責任―歴史からのメッセージ』森山書店，2019年，『歴史から見る公正価値会計』（編著）森山書店，2013年。*Fair Value Accounting in Historical Perspective*, (edited), Moriyama Shoten, 2014. "Accounting Education and Training in Japan", Anyane-Ntow, Kwabena ed., *International Handbook of Accounting Education and Certification*, Oxford and New York, 1992. Witzel, M. ed., *Biographical Dictionary of British Economists*, Vol.1, 2, Bristol, 2004. 他。

2020年9月30日　初版発行　　　　　　　　　略称：原点回帰の会計

原点回帰の会計学
―経済的格差の是正に向けて―

著　者　　渡　邉　　泉
発行者　　中　島　治　久

発行所　同文舘出版株式会社

東京都千代田区神田神保町1-41　　　　　　　　　　　〒101-0051
電話　営業(03)3294-1801　　　　　　　編集(03)3294-1803
振替 00100-8-42935　　　　　　　　　http://www.dobunkan.co.jp

本書とともに〈好評発売中〉

帳簿が語る歴史の真実
―通説という名の誤り―

渡邉　　泉 [著]

Ａ５判・220頁
定価（本体2,800円＋税）

会計の歴史探訪
―過去から未来のへのメッセージ―

渡邉　　泉 [著]

Ａ５判・332頁
定価（本体3,500円＋税）

同文舘出版株式会社